101 CONVERSATIONS IN MEXICAN SPANISH

Short Natural Dialogues
to Learn the Slang, Soul and Style
of Mexican Spanish

Written by Olly Richards

Edited by Eleonora Calviello

Copyright © 2020 Olly Richards Publishing Ltd.

All rights reserved. No part of this publication may be reproduced, distributed or transmitted in any form or by any means, including photocopying, recording, or other electronic or mechanical methods, without the prior written permission of the publisher, except in the case of brief quotations embodied in critical reviews and certain other non-commercial uses permitted by copyright law. For permission requests, write to the publisher:

>Olly Richards Publishing Ltd.

>olly@iwillteachyoualanguage.com

Trademarked names appear throughout this book. Rather than use a trademark symbol with every occurrence of a trademarked name, names are used in an editorial fashion, with no intention of infringement of the respective owner's trademark.

The information in this book is distributed on an "as is" basis, without warranty. Although every precaution has been taken in the preparation of this work, neither the author nor the publisher shall have any liability to any person or entity with respect to any loss or damage caused or alleged to be caused directly or indirectly by the information contained in this book.

101 Conversations in Mexican Spanish: Short Natural Dialogues to Learn the Slang, Soul and Style of Mexican Spanish

ISBN: 979-8-65-632060-3

FREE "STORY LEARNING" KIT

Discover how to learn foreign languages faster & more effectively through the power of story.

Your free video masterclasses, action guides & handy printouts include:

- A simple six-step process to maximise learning from reading in a foreign language

- How to double your memory for new vocabulary from stories

- Planning worksheet (printable) to learn faster by reading more consistently

- Listening skills masterclass: "How to effortlessly understand audio from stories"

- How to find willing native speakers to practise your language with

To claim your FREE "Story Learning" Kit, visit:

https://www.iwillteachyoualanguage.com/kit

Short Stories in Italian for Intermediate Learners
Short Stories in Korean for Intermediate Learners
Short Stories in Spanish for Intermediate Learners

101 Conversations in Simple English
101 Conversations in Simple French
101 Conversations in Simple German
101 Conversations in Simple Italian
101 Conversations in Simple Spanish

101 Conversations in Intermediate English
101 Conversations in Intermediate French
101 Conversations in Intermediate German
101 Conversations in Intermediate Italian
101 Conversations in Intermediate Spanish

All titles are also available as audiobooks.

For more information visit Olly's author page at:

http://iwillteachyoualanguage.com/amazon

ABOUT THE AUTHOR

Olly Richards is a foreign language expert and teacher who speaks eight languages and has authored over 20 books. He has appeared in international press including the BBC, Independent, El País, and Gulf News. He has also featured in a BBC documentary and authored language courses for the Open University.

Olly started learning his first foreign language at the age of 19, when he bought a one-way ticket to Paris. With no exposure to languages growing up, and no natural talent for languages, Olly had to figure out how to learn French from scratch. Twenty years later, Olly has studied languages from around the world and is considered an expert in the field.

Through his books and website, I Will Teach You A Language, Olly is known for teaching languages through the power of story – including the book you are holding in your hands right now!

You can find out more about Olly, including a library of free training, at his website:

https://www.iwillteachyoualanguage.com

CONTENTS

Introduction xv
How to Use this Book xvii
The Five-Step Reading Process xxiii
Un Dìa A La Vez 1
Character Profiles 3
Introduction to the Story 5
1. De vuelta al trabajo 8
2. Un nuevo compañero 10
3. Accidentes 12
4. Un buen trabajo 14
5. Un libro por su portada 16
6. Problemas de tráfico 18
7. Niño grande 20
8. Cosas más importantes 22
9. Deberes familiares 24
10. Trabajo duro 26
11. Un poco de ayuda 28
12. Un paso a la vez 30
13. Necesidades inesperadas 32
14. Problemas de dinero 34
15. Una mano amiga 36
16. ¿Cómo está tu niño? 38
17. ¡Son novios! 40
18. Es muy injusto 42
19. El deber de una madre 44
20. Tuve un accidente 46
21. Nada de qué preocuparse 48
22. Yo pago 50
23. Me ayudó mucho 52
24. Cerrado 54
25. Mala actitud 56
26. Evitando problemas 58
27. ¿Qué habrá pasado? 60
28. Una solución rápida 62

29. Le caíste bien 64
30. La razón por qué 66
31. Divirtiéndose juntos 68
32. Solo es un rumor 70
33. ¿Es verdad? 72
34. Alguien tiene que hacerlo 74
35. Amenaza 76
36. Injusto 78
37. Me siento mejor 80
38. No vino otra vez 82
39. ¡Tengo una idea! 84
40. Es imposible 86
41. Firmas 88
42. Cálmate 90
43. De vuelta a la acción 92
44. Un buen gerente 94
45. Bien hecho 96
46. Vandalismo 98
47. ¿Quién fue? 100
48. Confrontación 102
49. ¡Haz algo! 104
50. Despidos 106
51. ¡No te metas! 108
52. ¿Qué hago? 110
53. Lo que sucedió 112
54. Disculpas 114
55. Más razones para actuar 116
56. Incertidumbre 118
57. Me está matando 120
58. Ya no me importa 122
59. Atrapado 124
60. Consejos de madre 126
61. Un rato agradable 128
62. Nuevas Reglas 130
63. Algo que decir 132
64. Hay esperanza 134
65. Hablar funciona 136
66. ¡Están despedidos! 138

67. ¿Ahora qué hacemos?..140
68. Consejos de padre 142
69. Una buena idea 144
70. ¡Contestó! 146
71. Hablando con el gerente 148
72. ¿Por qué no dijiste nada? 150
73. Un día incómodo 152
74. ¡Vuelvan a trabajar! 154
75. Dos semanas más tarde 156
76. Talento para la cocina 158
77. La paciencia es una virtud. 160
78. Despido masivo...162
79. El precio de hacer lo correcto...164
80. Agua hirviendo 166
81. Todo va a estar bien..168
82. Enfrentamiento 170
83. Una última oportunidad...172
84. Discusión 174
85. Sabio juicio 176
86. ¡Vaya regaño!...178
87. Ética en el trabajo 180
88. Mejor gerencia 182
89. Escalando 184
90. Las cosas mejoraron 186
91. Planes a futuro 188
92. Bien recuperado 190
93. Mejores calificaciones 192
94. Dejando ir 194
95. La última cena 196
96. El tiempo vuela 198
97. ¡Gran inauguración!..200
98. Pensando en el futuro...202
99. Indecisión 204
100. Fuera lo viejo...206
101. Un día a la vez...208

INTRODUCTION

If you've ever tried speaking Mexican Spanish with a stranger, chances are it wasn't easy! You might have felt tongue-tied when you tried to recall words or verb conjugations. You might have struggled to keep up with the conversation, with Spanish words, slang, and colloquial expressions flying at you at 100mph.

Indeed, many students report feeling so overwhelmed with the experience of speaking Spanish in the real world that they struggle to maintain motivation. The problem lies with the way Spanish is usually taught. Textbooks and language classes break Spanish down into rules and other "nuggets" of information in order to make it easier to learn. But that can leave you with a bit of a shock when you come to actually speak Spanish out in the real world, or with a native Mexican speaker: "People don't speak like they do in textbooks!" That's why I wrote this book.

101 Conversations in Mexican Spanish prepares you to speak Spanish in the real world. Unlike the contrived and unnatural dialogues in your textbook, the 101 authentic conversations in this book offer you simple but authentic spoken Mexican Spanish that you can study away from the pressure of face-to-face conversation. The conversations in this book tell the story of Tavo, a struggling Mexican worker in the city of Guadalajara. You'll experience the story by following the conversations the characters have with one another. Written entirely in spoken Spanish, the conversations give you the authentic experience of reading real Mexican slang and idioms in a format that is convenient and accessible for an intermediate learner (B1-B2 on the Common European Framework of Reference).

The extensive, story-based format of the book helps you get used to spoken Mexican Spanish in a natural way, with the words and phrases you see gradually emerging in your own spoken Spanish as you learn them naturally through your reading. The book is packed with engaging learning material including short dialogues that you can finish in one sitting, scene-setting introductions to each chapter to help you follow along, and a story that will have you gripped until the end. These learning features allow you to learn and absorb new words and phrases, and then activate them so that, over time, you can remember and use them in your own spoken Spanish. You'll never find another way to get so much practice with real spoken Spanish!

Suitable for intermediate learners, *101 Conversations in Mexican Spanish* is the perfect complement to any Spanish course and will give you the ultimate head start for using Mexican slang confidently in the real world!

If you have set your sights on becoming fluent, this book is the biggest step forward you will take in your Spanish this year.

If you're ready, let's get started!

HOW TO USE THIS BOOK

There are many possible ways to use a resource such as this, which is written entirely in Mexican Spanish. In this section, I would like to offer my suggestions for using this book effectively, based on my experience with thousands of students and their struggles.

There are two main ways to work with content in a foreign language:

1. Intensively
2. Extensively

Intensive learning is when you examine the material in great detail, seeking to understand all the content - the meaning of vocabulary, the use of grammar, the pronunciation of difficult words, etc. You will typically spend much longer with each section and, therefore, cover less material overall. Traditional classroom learning, generally involves intensive learning. *Extensive* learning is the opposite of intensive. To learn extensively is to treat the material for what it is – not as the object of language study, but rather as content to be enjoyed and appreciated. To read a book for pleasure is an example of extensive reading. As such, the aim is not to stop and study the language that you find, but rather to read (and complete) the book.

There are pros and cons to both modes of study and, indeed, you may use a combination of both in your approach.

However, the "default mode" for most people is to study *intensively*. This is because there is the inevitable temptation to investigate anything you do not understand in the pursuit of progress and hope to eliminate all mistakes. Traditional language education trains us to do this. Similarly, it is not obvious to many readers how extensive study can be effective. The uncertainty and ambiguity can be uncomfortable: "There's so much I don't understand!"

In my experience, people have a tendency to drastically overestimate what they can learn from intensive study, and drastically underestimate what they can gain from extensive study. My observations are as follows:

- **Intensive learning**: Although it is intuitive to try to "learn" something you don't understand, such as a new word, there is no guarantee you will actually manage to "learn" it! Indeed, you will be familiar with the feeling of trying to learn a new word, only to forget it shortly afterwards! Studying intensively is also time-consuming meaning you can't cover as much material.

- **Extensive learning**: By contrast, when you study extensively, you cover huge amounts of material and give yourself exposure to much more content in the language than you otherwise would. In my view, this is the primary benefit of extensive learning. Given the immense size of the task of learning a foreign language, extensive learning is the only way to give yourself the exposure to the language that you need in order to stand a chance of acquiring it. You simply can't learn everything you need in the classroom!

When put like this, extensive learning may sound quite compelling! However, there is an obvious objection: "But how do I *learn* when I'm not looking up or memorising things?" This is an understandable doubt if you are used to a traditional approach to language study. However, the truth is that you can learn an extraordinary amount *passively* as you read and listen to the language, but only if you give yourself the opportunity to do so! Remember, you learned your mother tongue passively. There is no reason you shouldn't do the same with a second language!

Here are some of the characteristics of studying languages extensively:

Aim for completion When you read material in a foreign language, your first job is to make your way through from beginning to end. Read to the end of the chapter or listen to the entire audio without worrying about things you don't understand. Set your sights on the finish line and don't get distracted. This is a vital behaviour to foster because it trains you to enjoy the material before you start to get lost in the details. This is how you read or listen to things in your native language, so it's the perfect thing to aim for!

Read for gist The most effective way to make headway through a piece of content in another language is to ask yourself: "Can I follow the gist of what's going on?" You don't need to understand every word, just the main ideas. If you can, that's enough! You're set! You can understand and enjoy a great amount with gist alone, so carry on through the material and enjoy the feeling of making progress! If the material is so hard that you struggle to understand even the gist, then my advice for you would be to consider easier material.

Don't look up words As tempting as it is to look up new words, doing so robs you of time that you could spend reading the material. In the extreme, you can spend so long looking up words that you never finish what you're reading. If you come across a word you don't understand… Don't worry! Keep calm and carry on. Focus on the goal of reaching the end of the chapter. You'll probably see that difficult word again soon, and you might guess the meaning in the meantime!

Don't analyse grammar Similarly to new words, if you stop to study verb tenses or verb conjugations as you go, you'll never make any headway with the material. Try to *notice* the grammar that's being used (make a mental note) and carry on. Have you spotted some unfamiliar grammar? No problem. It can wait. Unfamiliar grammar rarely prevents you from understanding the gist of a passage but can completely derail your reading if you insist on looking up and studying every grammar point you encounter. After a while, you'll be surprised by how this "difficult" grammar starts to become "normal"!

You don't understand? Don't worry! The feeling you often have when you are engaged in extensive learning is: "I don't understand". You may find an entire paragraph that you don't understand or that you find confusing. So, what's the best response? Spend the next hour trying to decode that difficult paragraph? Or continue reading regardless? (Hint: It's the latter!) When you read in your mother tongue, you will often skip entire paragraphs you find boring, so there's no need to feel guilty about doing the same when reading Spanish. Skipping difficult passages of text may feel like cheating, but it can, in fact, be a mature approach to reading that allows you to make progress through the material and, ultimately, learn more.

If you follow this mindset when you read Spanish, you will be training yourself to be a strong, independent Spanish learner who doesn't have to rely on a teacher or rule book to make progress and enjoy learning. As you will have noticed, this approach draws on the fact that your brain can learn many things naturally, without conscious study. This is something that we appear to have forgotten with the formalisation of the education system. But, speak to any accomplished language learner and they will confirm that their proficiency in languages comes not from their ability to memorise grammar rules, but from the time they spend reading, listening to, and speaking the language, enjoying the process, and integrating it into their lives.

So, I encourage you to embrace extensive learning, and trust in your natural abilities to learn languages, starting with… The contents of this book!

THE FIVE-STEP READING PROCESS

Here is my suggested five-step process for making the most of each conversation in this book:

1. Read the short introduction to the conversation. This is important, as it sets the context for the conversation, helping you understand what you are about to read. Take note of the characters who are speaking and the situation they are in. If you need to refresh your memory of the characters, refer to the character introductions at the front of the book.

2. Read the conversation all the way through without stopping. Your aim is simply to reach the end of the conversation, so do not stop to look up words and do not worry if there are things you do not understand. Simply try to follow the gist of the conversation.

3. Go back and read the same conversation a second time. If you like, you can read in more detail than before, but otherwise simply read it through one more time, using the vocabulary list to check unknown words and phrases where necessary.

4. By this point, you should be able to follow the gist of the conversation. You might like to continue to read the same conversation a few more times until you feel confident. This is time well-spent and with each repetition you will gradually build your understanding of the content.

5. Move on! There is no need to understand every word in the conversation, and the greatest value to be derived from the book comes from reading it through to completion! Move on to the next conversation and do your best to enjoy the story at your own pace, just as you would any other book.

At every stage of the process, there will inevitably be words and phrases you do not understand or passages you find confusing. Instead of worrying about the things you *don't* understand, try to focus instead on everything that you *do* understand, and congratulate yourself for the hard work you are putting into improving your Spanish and knowledge of Mexican slang.

UN DÌA A LA VEZ

(One Day at a Time)

CHARACTER PROFILES

Tavo

Tavo is an HR worker at TechnoLine. Tavo wants to balance his personal and professional life, striving to provide the best working conditions for himself and his workmates. He is a hard worker and a good son to his parents, Antonio and Olivia. He is close friends with Joaquin, and Ximena.

Joaquin

One of Tavo's close friends, he lives far from the company, however, often getting caught in traffic, or having commute trouble, which, despite his stellar performance, gets him in trouble with his employers.

Ximena

Another of Tavo's close friends, she works at TechnoLine due to the schedule flexibility and workplace benefits it offers, as she needs free time to dedicate to her son, Raul.

Doña Esmeralda

The owner, manager, cook, and server of her own diner, she caters to workers as she offers nourishing home-made food at reasonable places. She oft'en listens to her regulars' woes, trying to give them what advice she can.

Antonio and Olivia

Tavo's parents. Though they are elderly, they keep working every day at their produce shop at the local market, peddling wares to the people of their community. They struggle to keep their shop open after a newly opened supermarket offers lower price.

Abram

The newly hired nephew of TechnoLine's branch manager, he was given a high-ranking position as a favor to his father. He often abuses his seat and implicit power, making others' lives difficult.

Ricardo

TechnoLine branch manager. He is a level-headed individual who appreciates honesty and workplace ethics, expecting a particularly good behavior from the people in charge. Ricardo gives Abram the opportunity to work at TechnoLine as a favor for his brother.

Omar

The H.R. manager at TechnoLine, and Tavo's immediate superior, he is the middleman between upper management and human resources.

INTRODUCTION TO THE STORY

Gustavo, simply called Tavo by his friends, enjoys his life as much as he can. His work as a Human Resources agent at TechnoLine is often filled with both stress and paperwork; regardless, he enjoys having the opportunity to talk with his coworkers, to know their own difficulties and ambitions and, if possible, help them have the best experience possible working at the company.

Tavo's struggle centers around himself, his friends, and his family, as they deal with the newly hired manager at TechnoLine and the potential closing of his parents' store at the local supermarket. *Tavo is his family's main support and he works hard to help them financially.*

Between working hours, Tavo, Ximena, and Joaquin often use their break hour at work to eat at Doña Esmeralda's local diner, where they can unwind, talk about their lives and problems, and generally spend a good time together away from stress and workplace interactions.

Trouble begins when, after returning to a remodeled office, Tavo and his friends find out there's a new sub-manager: Abram, the nephew of their branch manager, who presents himself as a laidback, fun person, yet is revealed as an entitled young man, who disguises his mean comments behind jokes and laughter; Tavo and his friends dislike his attitude, but as he's their superior, they do not complain for fear of being fired.

As matters escalate for Tavo and his friends, they must find the courage to stand up for themselves and rid their workplace of Abram's negative influence.

1. DE VUELTA AL TRABAJO

Tavo, Joaquín y Ximena son tres amigos de toda la vida que viven en la ciudad de Guadalajara. Se ven después de dos semanas en la Fonda de Doña Esmeralda para hablar de sus vacaciones y de su trabajo.

Tavo: ¡Joaquín! ¿Qué onda? ¡Ximena! ¿Cómo estás?

Joaquín: ¡Tavo, campeón! ¿Qué cuentas?

Ximena: ¿Cómo les va, chicos?

Tavo: Todo bien, todo bien. ¿Listos para volver a la oficina?

Joaquín: ¡Claro!

Ximena: Escuché que contrataron a alguien nuevo.

Tavo: ¿Ah, sí? ¿A quién?

Ximena: A un tal Abram. Es sobrino del gerente de TechnoLine.

Joaquín: ¿Neta? ¿Y por eso lo contrataron?

Ximena: No sé, pero tal vez es bueno en el trabajo, ¿no?

Tavo: Mañana vemos. Mientras, ¿pedimos algo?

Joaquín: Va, ¡tengo hambre! Quiero lo mismo que tú. Doña Esmeralda, ¿puede venir, por favor?

Doña Esmeralda: ¡Hola muchachos! ¿Van a pedir algo?

Tavo: Sí, para mí y Joaquín unas quesadillas.

Ximena: Yo unos chilaquiles, por favor.

Doña Esmeralda: Muy bien, chicos. ¡Ahorita se los traigo!

Tavo: Gracias, Doña Esmeralda.

Joaquín: Extrañaba su comida.

Tavo: Yo también.

Ximena: Mmm, ¡yo igual!

Doña Esmeralda: ¡Ay muchachos! Yo también los extrañaba, ya saben que siempre son bienvenidos a mi fondita.

Vocabulario

la fonda small inexpensive restaurant
doña Mrs. (used with first names)
¿qué onda? what's up?
¿qué cuentas? what's new?
un tal Abram someone called Abram
¿neta? really?
contratar to hire
va okay
lo mismo the same
ahorita (in this context) right now
extrañar algo / a alguien to miss something / someone

2. UN NUEVO COMPAÑERO

Los tres amigos entran a su oficina. Muchas cosas cambiaron y el lugar se ve mucho mejor. Abram, el sobrino del gerente, se presenta con sus compañeros de trabajo.

Abram: ¿Qué tal? Mucho gusto, soy Abram, el nuevo gerente general.

Tavo: Hola Abram, mucho gusto.

Ximena: Un gusto, Abram.

Joaquín: Mucho gusto.

Abram: ¿Ustedes quiénes son? ¿Los tres alegres compadres?

Tavo: ¿Perdón?

Abram: ¡Solo bromeo! Es bueno conocer a mi equipo de trabajo.

Joaquín: Si, este... Muy bueno. Entonces, ¿qué vas a hacer como gerente?

Abram: Voy a cambiar algunas reglas para que el lugar sea mejor.

Tavo: ¿Cómo?

Abram: Con más descansos, más permisos y menos presión en el trabajo.

Ximena: Pero Abram, ¡los descansos ya están bien!

Abram: ¡Pues van a estar mejor! Aprendan a relajarse tantito. Ahora voy a hablar con los demás trabajadores. ¿Cierran la puerta cuando me vaya?

Joaquín: Claro, yo cierro la puerta. Y, listo, puerta cerrada.

Tavo: Y se fue. ¿Joaquín, Ximena, qué piensan de Abram?

Joaquín: Pienso que es muy creído, ¿no?

Ximena: Pues yo pienso que no me gusta lo que quiere hacer. ¿Tú qué piensas, Tavo?

Tavo: ¿La verdad? No sé. Tampoco me gustó mucho. Hay que ver qué pasa.

Vocabulario

muchas cosas cambiaron many things changed
compañero de trabajo co-worker
los compadres close friends
bromear to joke
tantito a bit
listo done
creído conceited
tampoco me gustó mucho I didn't like it that much either
hay que ver qué pasa let's see what happens

3. ACCIDENTES

Esa noche, Tavo regresa a su casa para pasar tiempo con sus papás. Se sientan en la sala a platicar sobre su día. Tavo ve que a su papá le duele el brazo.

Olivia: ¿Cómo te fue en el trabajo, mijo?

Tavo: Me fue bien, pero hay un problema.

Antonio: ¡Auch! Este... ¿Qué pasó, todo bien?

Tavo: ¿Estás bien, papá?

Antonio: Sí, no te preocupes.

Olivia: ¡Tu papá se lastimó! Le dije que pidiera ayuda para mover las cajas, pero ¡no! Él quiso hacerlo solo.

Antonio: ¡Ya te dije, yo puedo! Pero eso no importa. A ver Tavo, ¿qué pasó?

Tavo: Nada, contrataron a un subgerente nuevo y está medio menso. Es sobrino del jefe.

Antonio: Ah, ¿y está haciendo las cosas difíciles?

Tavo: No, pero tiene algo que no me gusta.

Antonio: No te preocupes, todo va a estar bien.

Tavo: Gracias. Igual para ustedes. Papá, tienes que descansar. Yo me hago cargo del dinero.

Antonio: ¡No somos mantenidos!

Olivia: No te preocupes, mijo.

Tavo: Bueno, ma. De todas formas, cuenten conmigo para cualquier cosa.

Vocabulario

pasar tiempo con alguien to spend time with someone
papás parents
¿cómo te fue? how did it go?
mijo my son (contraction of the words "mi" & "hijo")
este… um… (conversational filler)
lastimarse to get hurt
medio menso somewhat dumb
tener que to have to
hacerse cargo de algo to take care of something
el mantenido scrounger, freeloader
de todas formas anyway

4. UN BUEN TRABAJO

El día siguiente, Tavo escucha a uno de sus compañeros quejarse de otro compañero por hablar mal de él a sus espaldas.

Compañero: Y pues así, mi Tavo. ¡Mugre Rodolfo dice cosas de mí!

Tavo: Bueno, mira. Podemos mandar la queja y que regañen a Rodolfo. ¿Te parece bien?

Compañero: Está bien, Tavo. Muchas gracias.

Tavo: Solo ten paciencia, puede tardar un poco.

Compañero: ¿Y eso?

Tavo: Contrataron a Abram, entonces hay muchos papeles por revisar.

Compañero: Igual gracias, Tavo.

Tavo: Por nada.

Compañero: Que chido que haces un buen trabajo. Omar solo me ignora.

Tavo: Entiéndelo, a veces está muy ocupado. Para eso estoy yo aquí: para escucharlos.

Compañero: Pues sí, pero tú serías un mejor jefe de recursos humanos.

Tavo: Gracias por tus palabras. Cualquier cosa, vienes y me dices, ¿va?

Compañero: Va.

Vocabulario

quejarse to complain
¡mugre Rodolfo! darn Rodolfo!
ten paciencia be patient
puede tardar un poco it may take a while
¿Y eso? how come?
revisar to review
por nada you're welcome
chido cool

5. UN LIBRO POR SU PORTADA

Esa tarde, Tavo y sus amigos cenan en la Fonda de Doña Esmeralda. Mientras esperan su comida, hablan sobre Abram y sus nuevas ideas.

Joaquín: No sé qué pensar. Creo que Abram no sabe lo que hace.

Ximena: ¿Por qué?

Joaquín: ¡Parece que no sabe nada de administración!

Tavo: Bueno, por algo el gerente lo contrató, ¿no?

Joaquín: Pues sí, ¡porque es su sobrino!

Ximena: La verdad, a mí me da igual. Lo que no me gusta es su forma de actuar.

Tavo: ¿Por?

Ximena: Es un poco molesto, ¿no?

Tavo: Poquito, sí.

Doña Esmeralda: Aquí están sus lonches, chicos. Oigan, los oí hablar. ¿Quieren que les dé mi opinión?

Tavo: ¡Pero claro, Doña Esmeralda!

Joaquín: Sí, con toda confianza.

Ximena: ¡Adelante!

Doña Esmeralda: Pues Abram debe ser bueno o no estaría donde está. Denle chance, jóvenes. No juzguen un libro por su portada.

Tavo: Pues sí, tiene razón, Doña Esmeralda.

Joaquín: Vamos a ver si las cosas mejoran, ¿no?

Ximena: ¿Y si no?

Joaquín: Si no, vemos qué hacemos. Gracias por el consejo, Doña Esmeralda.

Doña Esmeralda: ¡Cuando quieran! Es parte del servicio.

Vocabulario

molesto annoying
el lonche sandwich
¡pero claro! of course! ("pero" adds more emphasis)
con toda confianza freely
denle chance give him a chance
no juzguen un libro por su portada don't judge a book by its cover
tiene razón you are right (formal)
el consejo advice
¡cuando quieran! anytime! (plural)

6. PROBLEMAS DE TRÁFICO

El día siguiente, Joaquín llega tarde a su trabajo. Joaquín decide ir con Tavo a pedir su ayuda.

Tavo: ¡Joaquín, wey! ¿Qué pasó? ¿Por qué llegaste tan tarde?

Joaquín: Chale Tavo, ¿cómo te explico? Había un montón de tráfico.

Tavo: No manches, ¿y eso?

Joaquín: Un wey no se detuvo en el semáforo, causó un desastre y, pues mi camión se tardó más tiempo.

Tavo: Pues qué bueno que estás bien, pero tengo que reportar que llegaste tarde.

Joaquín: Para eso vine, Tavo. Para pedirte ayuda.

Tavo: ¿Cómo?

Joaquín: Sabes que vivo muy lejos, ¿no?

Tavo: Si.

Joaquín: Mira, voy a salir de mi casa más temprano para llegar antes, ¿va?

Tavo: Hmm, bueno, te ayudo.

Joaquín: ¡Genial, gracias!

Tavo: ¡Pero...!

Joaquín: ¿Pero?

Tavo: Pero ya no puedes llegar tarde, Joaquín, o te van a correr.

Joaquín: Ya sé, ya sé. Ya no llego tarde, lo prometo.

Tavo: Va, de todas formas ten mucho cuidado. ¡Mira! Ahí viene Ximena.

Joaquín: ¡Hola, Ximena! Oigan, tengo que irme. ¡Luego nos vemos!

Ximena: ¿Qué le pasa?

Tavo: Llegó tarde por el tráfico.

Ximena: Ah. Oye, Tavo, hoy es cumpleaños de mi hijo, Raúl. ¿Te gustaría venir a la fiesta?

Tavo: ¡Claro! ¿A qué hora es?

Ximena: Es después del trabajo, como a las seis. ¿Vienes?

Tavo: Sí, ahí nos vemos.

Vocabulario

wey dude, mate
¡chale! dang!
un montón a lot
¡no manches! no way!
detenerse to stop
el semáforo traffic light
el camión bus
tardarse to take a long time
¡genial! awesome
correr a alguien to fire someone
llegó tarde por el tráfico he was late due to the traffic jam
oye listen, hey

7. NIÑO GRANDE

Al salir del trabajo, Tavo acompaña a Ximena a su casa. Ya en la fiesta, Tavo conoce a Raúl.

Ximena: Mira Tavo, él es el cumpleañero. Saluda, Raúl.

Raúl: Hola.

Tavo: ¡Hola Raúl, mucho gusto! Soy Tavo. ¡No manches!

Raúl: ¿Qué?

Tavo: ¡Que estás muy grande! Tu mamá me dijo que estabas chiquito.

Raúl: ¡Claro que no! Ya soy niño grande.

Tavo: Y sí, ¿cuántos años tienes?

Raúl: ¡Hoy cumplí seis años!

Tavo: ¡Seis añotes! Órale, ¿y ya vas a entrar a la primaria?

Raúl: Sí, a primero.

Tavo: Que bien, que bien, ¿emocionado?

Raúl: ¡Sí, mucho!

Ximena: Va a entrar de tiempo completo, las ocho horas.

Tavo: ¿Y eso?

Ximena: Para que mis papás no lo cuiden.

Tavo: Ya veo.

Raúl: Oye Tavo, ¿te está gustando mi fiesta?

Tavo: ¡Sí, mucho! Está muy divertida.

Raúl: ¡Qué bueno que te está gustando! Oye, voy a seguir jugando, ¿sí?

Tavo: Claro, ve y diviértete.

Ximena: Míralo correr. Le caíste bien, ¿sabes?

Tavo: ¿En serio?

Ximena: Si, él no habla con desconocidos.

Tavo: Pues que bien, porque también me cayó bien.

Vocabulario

órale (in this context) Wow!
de tiempo completo full time
cuidar a alguien to look after someone
ya veo I see
voy a seguir jugando I will continue playing
le caíste bien he liked you
¿en serio? seriously?
el desconocido stranger
me cayó bien I liked him

8. COSAS MÁS IMPORTANTES

Al día siguiente, antes de salir, Abram intenta hablar con Tavo.

Abram: ¡Hey, Tavo! Oye, ¿puedo preguntarte algo?

Tavo: Sí, adelante. Solo estoy apurado.

Abram: ¿Apurado? ¿Por qué?

Tavo: Porque quiero llegar temprano con mis papás.

Abram: ¡Qué aburrido! De eso te quería hablar.

Tavo: ¿De qué?

Abram: Hoy después del trabajo va a haber una fiesta, y quiero invitarte.

Tavo: Ah, ya. Gracias por la invitación, pero en verdad no puedo ir.

Abram: ¿Por qué no? ¿Te pegan tus papás?

Tavo: ¿Cómo? ¿Qué quieres decir?

Abram: Quiero decir que ya eres un adulto… ¿O necesitas pedirles permiso a tus papás para ir a la fiesta?

Tavo: Oye Abram, ¡ya basta!

Abram: ¡Es la verdad! Entonces, ¿vas a ir?

Tavo: Ya te dije que no, Abram. Tengo cosas más importantes que hacer.

Abram: ¡Qué aburrido eres, no te sabes divertir!

Tavo: Abram, en serio, basta. Me gusta divertirme como yo quiero.

Abram: Como quieras, luego no te quejes.

Vocabulario

adelante go ahead
estoy apurado I'm in a hurry
en verdad really
te pegan they hit you
¿qué quieres decir? what do you mean?
¡ya basta! enough!
como quieras whatever

9. DEBERES FAMILIARES

Cuando Tavo llega a casa, ve a su papá con hielo en su brazo. Tavo se preocupa y le pregunta qué pasó.

Tavo: ¿Qué onda? ¿Papá, estás bien?

Antonio: ¡Ay! Sí, estoy bien. ¡Nomás mi hombro no quiere curarse!

Tavo: ¿Cómo? ¿Y eso?

Olivia: Tu papá no deja de trabajar en el mercado.

Antonio: Tengo que continuar trabajando. Si no, tendremos que cerrar.

Tavo: ¿Por qué?

Antonio: Por el nuevo supermercado, la gente está comprando ahí.

Tavo: ¿Y?

Olivia: No estamos vendiendo mucho, mijo.

Tavo: Chale. Pero papá, tú tienes que descansar para mejorarte.

Antonio: No puedo, tu mamá no puede sola.

Tavo: Yo le ayudo.

Antonio: ¿Cómo?

Tavo: Voy con ella en mi día libre, para que tú te quedes a descansar.

Antonio: Pero Tavo, tú también tienes que descansar.

Tavo: Pues sí, pero tengo que ayudarlos si lo necesitan.

Olivia: Ay mijo, me vas a hacer llorar.

Tavo: No llores mamá. Miren, no se preocupen. Saben que cuentan conmigo para cualquier cosa.

Vocabulario

nomás only
curarse to get better
no deja de trabajar he doesn't stop working
si no otherwise
me vas a hacer llorar you are going to make me cry
cuentan conmigo count on me

10. TRABAJO DURO

La mañana siguiente, Tavo va a ayudar a su mamá. El trabajo es muy cansado, pero juntos lo hacen rápido.

Tavo: ¡Uf, listo! ¡Fue la última caja!

Olivia: Gracias mijo, ¿estás bien?

Tavo: Sí mamá, no estoy acostumbrado al trabajo tan duro.

Olivia: Pues no, mijo. Tu papá y yo tenemos práctica, pero hoy tú me estás ayudando.

Tavo: Cuando quieras puedo ayudar. Solo espero que mi papá se mejore.

Olivia: ¡Ay, Tavo! Ojalá que sí. Le duele mucho.

Tavo: Me imagino.

Olivia: Igual, vas a ver que tu papá se va a sentir mejor.

Tavo: Eso espero.

Olivia: Muchas gracias por haberme ayudado con las cajas, ya puedo sola.

Tavo: De nada, mamá. Yo te ayudo cuando pueda… ¡Ay!

Olivia: ¿Qué pasó? ¿Estás bien?

Tavo: Sí, solo me duele un poco… pues, todo el cuerpo.

Olivia: ¡Ay mijo, perdón! Ya no vengas a ayudarme, es mucho problema.

Tavo: No, no mamá, para nada. Mientras pueda ayudarte, voy a ayudarte.

Olivia: Muchas gracias Tavo, eres un buen hijo.

Vocabulario

el trabajo duro hard work
es cansado it's tiring
no estoy acostumbrado a I'm not used to
tener práctica to have hands-on experience
para nada not at all

11. UN POCO DE AYUDA

Esa tarde, Tavo va a la Fonda de Doña Esmeralda. La señora ve que él está cansado y le pregunta qué pasa.

Tavo: Problemas con mis papás.

Esmeralda: ¿Qué problemas?

Tavo: Mi papá se lastimó el hombro y no puede trabajar.

Esmeralda: ¿Y eso?

Tavo: Se lastimó moviendo cajas y tiene que descansar.

Esmeralda: Hm, ¿y si trabaja conmigo?

Tavo: ¿Cómo?

Esmeralda: Sí, Tavo, haciendo cosas fáciles.

Tavo: ¿Cómo qué?

Esmeralda: Como lavar platos, o barrer, por ejemplo.

Tavo: No creo que le guste.

Esmeralda: Le voy a pagar bien.

Tavo: ¿En serio? Entonces sí.

Esmeralda: ¡Qué bien! Tú no te preocupes. Dile a tu papá que venga mañana y vemos que hace, ¿sí?

Tavo: Va, Doña Esmeralda. En verdad, se lo agradezco mucho.

Esmeralda: Ni lo menciones, mijo. Para eso estamos, para ayudarnos, ¿no?

Tavo: Así es, Doña Esmeralda, así es.

Vocabulario

estar cansado to be tired
lavar platos to wash dishes
se lo agradezco I thank you (formal)
para eso estamos that's what we're here for
barrer to sweep

12. UN PASO A LA VEZ

Al día siguiente, Tavo llega temprano a trabajar. El compañero a quien ayudó se acerca a él para darle las gracias.

Compañero: ¡Tavo, buenos días! Mira, te traje un café.

Tavo: ¡No manches, qué chido! Muchas gracias.

Compañero: No es nada, es un pequeño detalle.

Tavo: Muchas gracias, pero ¿por qué?

Compañero: Para darte las gracias.

Tavo: ¿De qué?

Compañero: Porque me ayudaste el otro día. De verdad fue muy útil.

Tavo: Solo hice mi trabajo.

Compañero: Sí, pero lo hiciste bien, y rápido.

Tavo: Como debe de ser, ¿no?

Compañero: Sí, pero no todos son como tú. No todos hacen bien su trabajo.

Tavo: Hago lo que puedo.

Compañero: Y eso es suficiente. ¡Disfruta tu café!

Tavo: ¡Muchas gracias!

Vocabulario

un paso a la vez one step at a time
acercarse to approach
es un pequeño detalle it's a small gift
como debe de ser as it should be
disfrutar to enjoy

13. NECESIDADES INESPERADAS

Más tarde, en su casa, Tavo recibe una llamada de Joaquín. Tavo contesta el teléfono en su cuarto.

Tavo: ¿Bueno?

Joaquín: ¡Tavo, hola! ¿Puedes hablar?

Tavo: Claro, ¿qué pasó?

Joaquín: Quería avisarte que empezaron a construir cerca de mi casa.

Tavo: ¿Y hay algún problema con eso?

Joaquín: Sí, llegar al trabajo va a ser más difícil para mí.

Tavo: ¡Pero Joaquín! Ya no puedes llegar tarde, te van a correr.

Joaquín: Por eso te hablo, para preguntarte, ¿crees que debería comprar un carro?

Tavo: ¿Para llegar más temprano?

Joaquín: Sí.

Tavo: Pues sí, pero ¿vale la pena?

Joaquín: Sí, vale la pena.

Tavo: ¿Por qué?

Joaquín: Porque es eso, o regresar al pueblo de mis papás.

Tavo: ¿Por qué no regresas? Ya no tendrías problemas.

Joaquín: No, pero vivir solo es importante para mí.

Tavo: Bueno, tú sabes que es mejor. Yo te apoyo, Joaquín.

Joaquín: Gracias, Tavo.

Tavo: Cuando quieras. Oye, tengo que colgarte, me llama mi papá.

Joaquín: De acuerdo, nos vemos mañana.

Tavo: Te cuidas.

Joaquín: Tú igual.

Vocabulario

necesidades inesperadas unexpected needs
¿bueno? hello? (when answering the phone)
avisar to let know
construir to build
vale la pena it's worth it
apoyar to support
colgar to hang up
te cuidas take care

14. PROBLEMAS DE DINERO

Después de hablar con Joaquín, Tavo va a la sala de su casa. Sus papás lo estaban esperando para platicar con él.

Tavo: Perdón, estaba hablando con Joaquín. ¿Todo bien?

Olivia: Más o menos, mijo.

Tavo: ¿Qué pasó?

Antonio: Tu mamá me contó que cerraron muchas tiendas en el mercado.

Tavo: ¿Por qué?

Olivia: Porque no están vendiendo, la gente va al supermercado. Quizás nosotros también tenemos que cerrar.

Tavo: ¡Claro que no! Van a ver que todo va a estar bien. ¿Papá?

Antonio: Dime.

Tavo: Doña Esmeralda, la dueña de la fonda, me dijo que puedes trabajar con ella.

Antonio: ¿Haciendo qué?

Tavo: Cosas ligeras, en lo que te mejoras. Me dijo que te va a pagar.

Antonio: ¡Qué bien! Nos va a ayudar mucho.

Tavo: Así es. Ven conmigo mañana y te llevo con ella.

Olivia: Sí, Antonio, ve. Yo me encargo de la tienda.

Antonio: ¿Segura?

Olivia: Sí, viejo, segura. Necesitamos más dinero.

Vocabulario

lo estaban esperando they were waiting for him
platicar to talk
la dueña the owner
quizás perhaps
ligero light
en lo que te mejoras while you get better
viejo (in this context) husband

15. UNA MANO AMIGA

La mañana siguiente, Omar, el jefe de Tavo, entra a su oficina para hablar con él.

Omar: Tavo, buenos días. Necesito hablar contigo de algo.

Tavo: Sí, Omar, dime.

Omar: Ya sé que mañana es tu día libre, pero tienes que venir a trabajar.

Tavo: ¿Qué? ¿Por qué?

Omar: Abram está organizando los horarios nuevos. Mañana tienes que venir.

Tavo: Está... Está bien, Omar.

Omar: Bien, hasta luego.

Tavo: Mejor le hablo a mi mamá, a ver si contesta su teléfono.

Olivia: ¿Bueno?

Tavo: ¿Bueno, mamá?

Olivia: Sí, mijo, ¿qué pasa?

Tavo: Oye, no voy a poder ir a ayudarte mañana.

Olivia: ¿Y eso?

Tavo: Me acaban de decir que tengo que trabajar mañana.

Joaquín: Oye, Tavo, ¿te interrumpo?

Tavo: A ver, espera mamá. ¿Qué pasó Joaquín?

Joaquín: Te escuché hablar con Omar. Si quieres, yo le ayudo a tu mamá mañana.

Tavo: ¿En serio?

Joaquín: Sí, Tavo. Dile que yo le ayudo.

Tavo: Gracias, Joaquín. ¿Oíste mamá?

Olivia: Sí, mijo, dile a Joaquín que muchas gracias. ¡Hasta luego!

Tavo: ¡Hasta luego! Joaquín, dice mi mamá que muchas gracias.

Joaquín: No te preocupes, Tavo. Ya me has ayudado tú, ahora es mi turno.

Tavo: En verdad, muchas gracias.

Vocabulario

una mano amiga a helping hand
el día libre day off
el horario schedule
a ver si let's see if
me acaban de decir I've just been told

16. ¿CÓMO ESTÁ TU NIÑO?

El mismo día, Ximena le pide a Tavo que cene con ella porque Joaquín regresó temprano a su casa. Tavo acepta y la acompaña con Doña Esmeralda.

Tavo: Para mí un té verde, Doña Esmeralda.

Ximena: Y para mí un café, por favor.

Esmeralda: Ahorita se los traigo, muchachos.

Tavo: ¡Qué día! ¿No?

Ximena: Sí, está todo muy raro. ¡Me cambiaron el día de descanso!

Tavo: ¿A ti también?

Ximena: Sí, era el sábado, y podía pasar ese día con Raúl, pero ya no.

Esmeralda: Aquí tienen sus bebidas, chicos. Por cierto, ¿cómo está tu niño?

Ximena: Muy bien, gracias.

Esmeralda: ¡Qué bien! Escuché que tu hijo entró a la primaria, ¿verdad?

Ximena: ¡Sí! Entró a la primaria de tiempo completo, para que mis papás no lo cuiden.

Esmeralda: ¡Qué bien, mija! Pero ¿de todas formas pasas tiempo con él, no?

Ximena: Pues sí, antes pasábamos los sábados juntos, pero ahora ya no podemos.

Esmeralda: Vas a ver que van a encontrar la forma.

Ximena: Así es, Doña Esmeralda. Así... ¿Oye, Tavo?

Tavo: Dime.

Ximena: ¿Viste a esa persona que pasó caminando?

Tavo: No, no la vi, ¿qué pasa con esa persona?

Ximena: Nada, solo se parecía a Abram.

Tavo: Seguro no era él.

Vocabulario

los muchachos youngsters
raro weird
el día de descanso day off
aquí tienen sus bebidas here's your drinks
por cierto by the way
parecerse a alguien to look like someone
seguro no era él for sure it wasn't him

17. ¡SON NOVIOS!

Antes de salir de la fonda, algunos de los compañeros de Tavo y Ximena entran al lugar. Al frente ven a Abram.

Abram: ¡Miren! ¿Ya vieron? ¡Son novios!

Compañeros: ¡Uuuuuu!

Tavo: ¡Abram! ¿Qué... qué significa esto?

Abram: ¡Nada, nada! Solo un poco de diversión.

Ximena: Abram, basta, esto no está bien.

Tavo: En serio Abram, no puedes decir que Ximena y yo somos novios.

Abram: ¡Relájense los dos! No sean tan sensibles.

Ximena: Abram, neta, que si no paras ahora, ¡te reporto!

Abram: Oye, cuidado, Ximena. No quieres tener problemas, ¿verdad?

Ximena: ¿Qué quieres decir con eso?

Abram: Quiero decir que si no quieres tener problemas, mejor no digas nada.

Ximena: ¿Es en serio?

Abram: Sí, en serio. De todas formas, ya les dije, solo estoy bromeando.

Tavo: Pues no lo hagas, Abram.

Abram: No tienen sentido del humor. Ya les dije wey, es solo una broma.

Vocabulario

¡son novios! they are boyfriend and girlfriend!
solo un poco de diversión just a little fun
¡relájense los dos! relax, both of you!
neta honestly
parar to stop
¿es en serio? seriously?

18. ES MUY INJUSTO

Al día siguiente, Joaquín llega temprano al trabajo. Se acerca a saludar a Tavo y Ximena.

Joaquín: ¡Tavo, Ximena! ¿Cómo están?

Tavo: Hola.

Ximena: Hey.

Joaquín: ¿Qué pasó, por qué tan desanimados?

Ximena: Por nada, Joaquín. Déjalo.

Joaquín: Te conozco, algo te pasa. Tú también Tavo, ¿qué tienen los dos?

Ximena: Nada, solo ayer nos topamos con Abram.

Tavo: En la Fonda de Doña Esmeralda.

Ximena: Y, según él, bromeó diciendo que Tavo y yo somos novios.

Joaquín: Ah... ¿Cómo?

Tavo: Pues así, Joaquín. Ximena y yo estábamos en la fonda, y nos vio.

Joaquín: Ya veo. ¿Van a hacer algo?

Ximena: No sé. Como es sobrino del gerente general, nadie lo detiene.

Joaquín: ¿Por?

Tavo: Por miedo a que haga algo malo.

Joaquín: ¿Cómo qué?

Tavo: Despedirnos, o algo así.

Ximena: Es muy injusto, nadie hace nada porque su tío es importante.

Joaquín: Pues sí.

Tavo: Y tú, ¿qué tienes, Joaquín?

Joaquín: ¿Eh? Ah, no, no es nada, Tavo. Solo me molesta Abram. Oye, los dejo solos, ¿va?

Tavo: Va.

Ximena: Hasta luego, Joaquín.

Vocabulario

desanimado discouraged
toparse con alguien to run into someone
según él according to him
el miedo fear
despedir a alguien to fire someone
¿qué tienes? what's wrong?
me molesta Abram Abram annoys me

19. EL DEBER DE UNA MADRE

Esa noche, Tavo regresa a casa de mal humor. Su mamá le pregunta qué tiene.

Tavo: No es nada, mamá, no te preocupes.

Olivia: Ay, mijo, no nací ayer. ¿Qué te pasa?

Tavo: En serio, nada.

Olivia: Mira, Tavo, mi deber como tu madre es escucharte, ¿sí? Puedes decirme que te pasa y te voy a escuchar.

Tavo: Sí, mamá. Gracias.

Olivia: ¿Es por tu trabajo, verdad?

Tavo: En serio, no es nada.

Olivia: Ay, Tavo. ¿Por qué no renuncias?

Tavo: No, mamá, ¿cómo? Si renuncio, ya no puedo ayudarlos a ti y a mi papá.

Olivia: Tavo, lo más importante es que seas feliz. Si tu trabajo no te hace feliz, déjalo y juntos vemos que hacemos, ¿sale?

Tavo: Sale, pues. Pero no quiero renunciar, solo necesito un descanso y ya.

Olivia: ¡Pues entonces vente a cenar!

Tavo: Ya voy, mamá.

Vocabulario

de mal humor in a bad mood
no nací ayer I wasn't born yesterday
el deber duty
renunciar to quit
¿sale? all right?
sale pues all right then

20. TUVE UN ACCIDENTE

La mañana siguiente, Joaquín no va a trabajar. Tavo se preocupa y le pregunta a Ximena si sabe algo.

Ximena: Joaquín no me dijo nada.

Tavo: A mí tampoco, nomás no vino.

Ximena: ¿Y si le hablas por teléfono?

Tavo: ¡Buena idea! A ver, ya le estoy marcando… ¿Bueno, Joaquín?

Joaquín: ¡Tavo! Oye, perdón por no haber ido a trabajar hoy.

Tavo: No te preocupes, Joaquín. ¿Qué pasó?

Joaquín: Tuve un accidente.

Tavo: ¡Cómo! ¿Estás bien?

Joaquín: Sí, no te preocupes. Un idiota se pasó el semáforo y chocó al camión en el que iba. Por eso no pude llegar, perdón.

Tavo: ¿Pero no te pasó nada?

Joaquín: No, Tavo, yo estoy bien.

Tavo: Eso es lo importante. Oye, ¿Joaquín? Te tengo que colgar, ahí viene el jefe.

Joaquín: ¿Quién? ¿Ricardo?

Tavo: Así es, el tío de Abram. Nos vemos mañana, ¿va?

Joaquín: Va, suerte.

Tavo: Nos vemos, te cuidas.

Vocabulario

¿y si…? what if...?
a ver let's see
marcarle a alguien to call someone
pasarse el semáforo (en rojo) to run a red light
chocar to crash
ahí viene el jefe the boss is coming

21. NADA DE QUÉ PREOCUPARSE

Ricardo, el gerente de TechnoLine, habla con Tavo. En su oficina, Tavo se preparó para responder cualquier pregunta.

Ricardo: Gustavo, ¿qué tal?

Tavo: Muy bien, gracias. ¿Usted?

Ricardo: De maravilla. Solo quiero preguntarte, ¿cómo han estado las cosas con tus compañeros?

Tavo: Han estado bien.

Ricardo: Excelente. ¿Y Abram qué tal?

Tavo: ¿Abram?

Ricardo: Sí; como sabes, es mi sobrino. ¿Cómo está?

Tavo: Ah... Bien, muy bien.

Ricardo: Hm, ¿seguro?

Tavo: Sí, por supuesto. Muy trabajador.

Ricardo: ¿Abram? Tavo, ¿en serio? Como tu jefe, puedes decirme cualquier cosa.

Tavo: Sí, no se preocupe. No tiene nada de qué preocuparse.

Ricardo: Bueno, está bien. De todas formas, aquí está mi número de teléfono. Cualquier cosa acerca de Abram o de tus compañeros, llámame, ¿sí?

Tavo: ¡Claro! Pero ¿por qué no Omar?

Ricardo: Omar está muy ocupado. Además, he oído muchas cosas buenas de ti.

Tavo: ¿En verdad?

Ricardo: Sí, a tus compañeros les agradas.

Tavo: Eso es bueno.

Vocabulario

nada de qué preocuparse nothing to worry about
de maravilla wonderfully well
¿seguro? are you sure?
como tu jefe, puedes decirme as your boss, you can tell me
además besides
a tus compañeros les agradas your colleagues like you

22. YO PAGO

En la tarde, Tavo acompaña a su mamá al mercado. Juntos compran cosas que necesitan.

Olivia: A ver, mijo, ¿ya tenemos todo?

Tavo: Déjame ver... Tortillas, cilantro, jamaica, jitomates, aguacates, cebollas... Sí, mamá, ya es todo. ¡Ey, señor vendedor! ¿Cuánto va a ser?

Vendedor: Van a ser doscientos pesos.

Olivia: Voy a pagar, Tavo.

Tavo: ¿Tú? No, mamá, yo pago.

Olivia: ¡Tavo, no! Yo pago.

Tavo: A ver, mamá, tú vas a hacer de comer. Es lo menos que puedo hacer.

Olivia: Muchas gracias, Tavo. La verdad me va a ayudar mucho.

Tavo: ¿Por qué?

Olivia: Porque hoy vendimos poco.

Tavo: ¿En serio?

Olivia: Es que cada vez vienen menos personas al mercado. Eso me preocupa mucho.

Tavo: A mí también, mamá, pero vas a ver que todo va a estar bien. ¿Nos vamos a casa?

Olivia: Sí, mijo, vámonos. Tengo que hacer de comer.

Vocabulario

el vendedor seller
el cilantro coriander
el jitomate tomato
es lo menos que puedo hacer it's the least I can do
cada vez every time

23. ME AYUDÓ MUCHO

Tavo y su mamá regresan a su casa. Durante la comida, Tavo platica con sus papás.

Tavo: Está muy rica la comida, ¿verdad?

Antonio: Sí.

Tavo: Oye, papá, ¿y cómo sigues de tu herida?

Antonio: Ya mucho mejor, gracias. Ya se está curando.

Tavo: ¡Qué bueno!

Antonio: Sí, y la verdad es gracias a Doña Esmeralda.

Tavo: ¿En serio?

Antonio: Sí, me ayudó mucho trabajar con ella. Además, me puso pomada muy buena.

Tavo: Qué bien, papá. Neta, tengo que agradecerle a Doña Esmeralda.

Antonio: ¿Por qué no vas? No creo que tenga muchos clientes, me dejó salir temprano.

Tavo: ¿Y eso?

Antonio: No sé, solo me dijo que regresara a descansar.

Tavo: Bueno, no es tarde. Joaquín y Ximena deben estar ahí.

Antonio: ¿Ya ves? Ve con tus amigos y con Doña Esmeralda. Me los saludas.

Tavo: Va, nos vemos más al rato.

Vocabulario

¿cómo sigues de tu herida? how's your wound?
la pomada cream
me dejó salir temprano she let me off early
me los saludas say hi to them for me
nos vemos más al rato see you in a while

24. CERRADO

Tavo va a la Fonda de Doña Esmeralda, donde encuentra a Joaquín y a Ximena. Se sorprende al ver que el local está cerrado.

Tavo: ¡Joaquín, Ximena! ¿Por qué está cerrado?

Joaquín: No sé, acabamos de llegar.

Ximena: Oye, tu papá estaba trabajando con ella, ¿no?

Tavo: Sí, pero no me dijo nada.

Joaquín: ¿Seguro?

Tavo: Me dijo que lo dejó salir temprano.

Ximena: Que raro. ¿Vamos a otro lugar?

Tavo: Claro, Ximena. Te sigo.

Ximena: Vamos.

Tavo: Joaquín, ¿por qué tan callado?

Joaquín: Por nada.

Tavo: Bueno... ¿qué tal tus problemas con el tráfico?

Joaquín: Van bien, ahora mi problema es otro.

Tavo: ¿Qué pasó?

Joaquín: Asaltaron a mi vecino.

Ximena: ¡Cómo! ¿Y eso?

Joaquín: No sé, solo sé que pasó en la madrugada. Lo malo es que ahora tomo el camión más temprano y todo está oscuro.

Ximena: Tienes que tener mucho cuidado.

Joaquín: Sí, no te preocupes.

Vocabulario

el local store
acabamos de llegar we've just arrived
¿por qué tan callado? why are you so quiet?
asaltar to rob
el vecino neighbor
la madrugada early morning

25. MALA ACTITUD

La mañana siguiente, el carro de Tavo no arranca y llega tarde a trabajar. Al entrar a su trabajo, se encuentra con Abram.

Abram: ¿Llegando tarde, Gustavo?

Tavo: Sí, mi coche no arrancó. Tuve que venir en camión.

Abram: Pues que mal, Tavo. Por cosas así te pueden correr.

Tavo: Es la primera vez que llego tarde.

Abram: Pues si sigues así, va a ser la última.

Tavo: ¿Pero por qué? Solo llegué tarde.

Abram: Tavo, ¿cómo te explico? Esto no es nomás porque llegaste tarde.

Tavo: ¿Entonces?

Abram: Porque has estado teniendo... Malas actitudes.

Tavo: ¿Malas actitudes? ¿De qué estás hablando?

Abram: Tú sabes de que estoy hablando, Tavo. Te recomiendo que cambies tu actitud, Tavo. Si no, quien sabe que puede pasar.

Tavo: Está bien, Abram. Lo que digas.

Vocabulario

la actitud attitude
encontrarse con to run into
arrancar to start (engine)
si sigues así if you continue like that
lo que digas whatever you say

26. EVITANDO PROBLEMAS

Después de hablar con Abram, Ximena visita a Tavo. Ella se da cuenta que algo no estaba bien.

Ximena: ¿Qué tienes, Tavo?

Tavo: Nada.

Ximena: ¡Ay, ay! Ya en serio, ¿qué tienes?

Tavo: Solo tuve un problema con Abram.

Ximena: ¡Abram! ¿Ahora qué con él?

Tavo: Me dijo que tengo malas actitudes.

Ximena: ¿Por qué?

Tavo: No me dijo. Dijo que yo sé por qué.

Ximena: Pues, Abram empieza a ser un problema.

Tavo: ¿Por qué?

Ximena: Porque trata mal a todo mundo. ¡Y nadie hace nada!

Tavo: Porque es el sobrino de Ricardo.

Ximena: ¡Eso es! ¿Por qué no le hablas al gerente y le cuentas lo que sucede?

Tavo: Porque no quiero problemas. ¡Mira, ahí viene Joaquín!

Joaquín: Hola, muchachos. Tavo, te escuché hablar con Ximena. ¡Ya tienes problemas!

Tavo: ¿Por qué lo dices?

Joaquín: ¿No ves lo que sucede? Eres el único que ha detenido a Abram. Por eso te está causando problemas.

Tavo: Pues no quiero más problemas.

Joaquín: Deberías decirle algo a Ricardo, nomás digo.

Tavo: Veremos.

Ximena: Oigan, después del trabajo, ¿vamos con Doña Esmeralda, a ver si ya abrió?

Tavo: Claro. ¿Joaquín?

Joaquín: No. Vayan ustedes solos. Yo quiero regresar a mi casa temprano.

Vocabulario

evitando problemas avoiding problems
darse cuenta to notice
¡Ay, ajá! yeah right!
trata mal a todo mundo he treats everyone badly
el único the only one
detener a alguien to stop someone
nomás digo I'm just saying

27. ¿QUÉ HABRÁ PASADO?

Al salir, Tavo y Ximena van a la Fonda de Doña Esmeralda. Se alegran al ver que está abierto.

Ximena: ¡Doña Esmeralda! Qué milagro, ¿por qué cerró?

Esmeralda: Hola Ximena y Tavo. Pues, cosas que pasan.

Tavo: ¿Y qué pasó?

Esmeralda: Nada importante, chicos, en verdad.

Tavo: Doña Esmeralda, queremos escucharla, así como usted nos escucha a nosotros.

Esmeralda: Les agradezco mucho su preocupación, pero en serio, no pasa nada. Son cosas de anciana. ¿Les traigo algo?

Ximena: Sí, por favor. Un lonche de pierna para mí.

Tavo: Y para mí unos taquitos de canasta.

Esmeralda: Ahorita se los traigo.

Ximena: Muchas gracias, Doña Esmeralda. Tavo, ¡mira por la ventana!

Tavo: ¿Qué? Oh, ahí viene Joaquín. ¿Qué no se fue a su casa?

Ximena: Pues al parecer no. ¿Qué tendrá? Se ve molesto.

Tavo: No sé. Ahorita le preguntamos.

Vocabulario

¡qué milagro! long time no see!
la anciana old woman
lonche de pierna pork sandwich
los tacos de canasta steamed tacos
¿qué tendrá? what could be up with him?
se ve molesto he looks upset

28. UNA SOLUCIÓN RÁPIDA

Joaquín entra molesto a la fonda. Se sienta con Tavo y Ximena para contarles lo que sucedió.

Tavo: Joaquín, ¿qué pasó? ¿Por qué vienes tan enojado?

Joaquín: Porque antes de salir me detuvo Abram.

Ximena: Otra vez él. ¿Qué te dijo?

Joaquín: Me dijo que si sigo llegando tarde, me van a correr.

Tavo: ¡Pero ya no has llegado tarde!

Joaquín: Ya sé. Voy a salir de mi casa todavía más temprano.

Ximena: ¿Por qué?

Joaquín: Porque es una solución rápida. Así no va a poder decirme que llego tarde.

Ximena: Pero Joaquín, ¿no es peligroso?

Joaquín: Pues sí, pero ¿qué hago? Es eso, o que me despidan.

Ximena: ¡No está bien! No vale la pena arriesgarse así.

Joaquín: No te preocupes, voy a tener cuidado.

Vocabulario

Es eso, o que me despidan It's either that, or get fired
arriesgarse to put oneself at risk
contarle algo a alguien to tell someone something

29. LE CAÍSTE BIEN

Cuando salen de la fonda, Joaquín va a su casa. Ximena detiene a Tavo para hablar con él.

Ximena: Tavo, ¿te puedo preguntar algo?

Tavo: Claro, dime.

Ximena: ¿Te acuerdas de Raúl?

Tavo: Tu hijo, ¡claro! ¿Qué tiene?

Ximena: Pues, ha estado teniendo problemas en la escuela.

Tavo: ¿Por qué?

Ximena: Trata mal a otros niños, no hace su tarea y se porta mal.

Tavo: ¿Y eso? No se portó así en la fiesta.

Ximena: No, y no sé qué hacer.

Tavo: ¿Hay algo que pueda hacer?

Ximena: Podrías hablar con Raúl. Le caíste bien.

Tavo: Sí, puedo intentarlo.

Ximena: ¿Igual que como hablas con Ricardo sobre Abram?

Tavo: Bueno, la diferencia es que Raúl no me puede despedir.

Ximena: Jaja, cierto, no puede.

Tavo: ¿Ves? ¡No es lo mismo!

Ximena: No, no lo es.

Tavo: Entonces, ¿vamos a tu casa?

Ximena: Sí, vamos.

Vocabulario

acordarse de alguien to remember someone
la tarea homework
portarse mal to behave badly
la diferencia difference
¡no es lo mismo! it's not the same thing!

30. LA RAZÓN POR QUÉ

Tavo acompaña a Ximena a su casa. Al entrar, ve a Raúl sentado en el sillón.

Tavo: ¡Raúl! ¿Cómo estás? Hace mucho que no nos vemos.

Raúl: Sí.

Tavo: ¿Sí? ¿Tanto tiempo y me saludas con un sí?

Raúl: Sí.

Tavo: A ver, Raúl, ¿qué tienes? ¿No somos amigos ya?

Raúl: ¡No!

Tavo: ¿Por qué?

Raúl: ¡Porque por tu culpa ya no veo a mi mamá!

Ximena: ¡Raúl!

Tavo: ¿Por qué dices eso?

Raúl: Porque antes salía con mi mamá el fin de semana, y ya no puedo.

Tavo: Pero Raúl, eso no fue mi culpa. Es culpa de Abram.

Raúl: ¿Abram?

Tavo: Sí, nuestro jefe. ¿Te digo la verdad?

Raúl: Ajá.

Tavo: Yo tampoco veo mucho a mis papás.

Raúl: ¡Maldito Abram!

Ximena: ¡Raúl! ¿Qué es eso?

Raúl: Pues es la verdad mamá, ya no paso tiempo contigo. Por eso me porto mal en la escuela, para verte.

Ximena: Ay, Raúl, ¿por qué no me habías dicho?

Raúl: ¿Cuándo te digo? ¡Nunca estás en casa!

Ximena: Pues sí. Mira, mañana hay una kermés en la plaza, ¿y si vamos?

Raúl: ¡Claro! ¿Vienes, Tavo?

Tavo: ¡Sí, vamos!

Vocabulario

hace mucho long ago
¿No somos amigos ya? are we no longer friends?
por tu culpa because of you
la culpa guilt
pasar tiempo con alguien to spend time with someone
la kermés outdoor celebration with traditional Mexican games
la plaza square

31. DIVIRTIÉNDOSE JUNTOS

El día siguiente, Tavo, Ximena y Raúl van a la kermés. Se divierten mucho corriendo, jugando y subiéndose a los juegos mecánicos. Después de un rato, se sientan en una banca a descansar.

Ximena: ¿Qué te parece la kermés?

Raúl: ¡Muy genial! Me divertí mucho.

Ximena: ¡Qué bien! ¿Y tú, Tavo?

Tavo: También me divertí mucho.

Ximena: Que bueno. ¿Raúl?

Raúl: ¿Sí?

Ximena: Oye, ¿y si pasamos más tiempo juntos?

Raúl: ¡Sí, me gustaría mucho!

Ximena: Entonces, en mi día libre, le pedimos permiso a tu maestra.

Raúl: ¿Para?

Ximena: Para que no vayas a la escuela, ¿qué opinas?

Raúl: Depende.

Ximena: ¿De qué?

Raúl: ¿Va a venir Tavo?

Tavo: Este... ¿yo?

Raúl: ¡Sí, tú!

Ximena: Sí, Tavo. Si volvemos a venir, ¿vienes con nosotros?

Tavo: Este... Bueno, sí. Puede que sí.

Raúl: ¡Qué bien!

Vocabulario

subirse a to get on
los juegos mecánicos rides
un rato a while
pedir permiso ask for permission
volver a venir to come again
puede que sí maybe yes

32. SOLO ES UN RUMOR

Al día siguiente, en su trabajo, Tavo escucha a dos de sus compañeros hablar. Se da cuenta que hablan de Ximena y de él.

Compañero: ¿Oíste lo de Tavo y Ximena?

Compañera: ¡Sí! Los vieron juntos, ¿no?

Compañero: Sí, en la Fonda de Doña Esmeralda.

Compañera: Pues oí que también fueron a un parque.

Tavo: Hola, muchachos, ¿de qué hablan?

Compañero: Hola, Tavo, este... Nada.

Tavo: ¿Nada?

Compañera: En serio, no hablábamos de nada.

Tavo: Los escuché decir mi nombre y el de Ximena.

Compañero: En verdad, no es nada.

Tavo: ¿Saben? Me gustaría que me dijeran. Tenemos que ayudarnos unos a otros.

Compañera: Pues sí, pero...

Compañero: Pero no te enojes. Escuchamos que tú y Ximena salieron juntos.

Compañera: Sí, y que fueron al parque y a la Fonda.

Tavo: Pues sí, salimos. Pero solo somos amigos.

Compañero: Oímos que son novios.

Tavo: Eso solo es un rumor. ¿Saben quién está diciendo eso?

Compañera: No, lo escuchamos por ahí.

Tavo: Bueno, si saben algo, me dicen, ¿sí?

Compañero: Va.

Vocabulario

los vieron juntos they saw them together
oí I heard
me gustaría que me dijeran I would like you to tell me (plural)
tenemos que ayudarnos unos a otros we need to help each other
por ahí somewhere

33. ¿ES VERDAD?

Cuando Tavo termina de hablar con sus compañeros, Joaquín se acerca a hablar con él.

Joaquín: Tavo, ¿es verdad?

Tavo: ¿Perdón?

Joaquín: Sabes de que hablo.

Tavo: No, la verdad no.

Joaquín: ¡No juegues, Tavo! ¿Es cierto, o no?

Tavo: ¿Qué, Joaquín?

Joaquín: Que tú y Ximena están juntos.

Tavo: Claro que no, Joaquín. Somos amigos de toda la vida.

Joaquín: Ah.

Tavo: ¿Por qué te molesta tanto?

Joaquín: Por nada. Mira, viene alguien.

Tavo: Cierto, ya lo vi.

Joaquín: Tienes trabajo. Mejor ya me voy.

Tavo: ¡Joaquín, espera! ¡No te vayas!

Vocabulario

¿es verdad? is it true?
¡no juegues! (in this context) stop joking
los amigos de toda la vida lifelong friends
¿Por qué te molesta tanto? why does it bother you so much?

34. ALGUIEN TIENE QUE HACERLO

Después de que Joaquín se va, un compañero de Tavo entra a su oficina.

Compañero: Tavo, perdón, ¿interrumpí algo?

Tavo: No, no te preocupes. ¿Qué pasó?

Compañero: Vengo a quejarme.

Tavo: De acuerdo, ¿de quién?

Compañero: De Abram.

Tavo: ¿De Abram? ¿Por qué?

Compañero: Porque dice muchas cosas desagradables, hace malas bromas, ¡y se enoja si no te ríes!

Tavo: Bueno, según él, solo bromea.

Compañero: Pero no son bromas, Tavo. Las cosas que dice no son agradables.

Tavo: El problema es que es sobrino del jefe.

Compañero: Sí, ¿y? Sigue trabajando aquí, ¿no?

Tavo: Pues sí. Entonces, ¿quieres quejarte?

Compañero: Sí, y no tengo miedo de hacerlo.

Tavo: ¿Por qué?

Compañero: Porque alguien tiene que hacerlo.

Tavo: Eso es cierto. Déjame ayudarte.

Compañero: Gracias, Tavo.

Vocabulario

¿interrumpí algo? did I interrupt something?
las malas bromas bad jokes
desagradable unpleasant
no tengo miedo I'm not afraid

35. AMENAZA

Antes de salir, Abram llama a todos a una junta. Tavo, Joaquín y Ximena se sientan juntos a escuchar.

Abram: Buenas tardes, gracias por venir.

Todos: Buenas tardes.

Abram: Están aquí porque hay un problema del que quiero hablar.

Compañero: ¿Cuál es el problema?

Abram: Algunos de ustedes son problemáticos.

Tavo: ¿Por qué?

Joaquín: ¡Sí, Abram! ¿Por qué?

Abram: Porque me enteré que se quejan de mí.

Ximena: ¿Por qué se quejan de ti, Abram?

Abram: Porque no entienden mi sentido del humor. Si no quieren cooperar, no pueden estar en TechnoLine.

Compañero: ¡Cómo!

Compañera: ¿Qué quieres decir?

Joaquín: ¡Eso no es justo!

Abram: ¡SILENCIO! Todos, silencio. Necesito que se

comporten bien. Si no, tengo que hacer algo.

Ximena: ¿Cómo qué?

Todos: ¡Sí! ¿Cómo qué?

Abram: Cómo despedir a quien no ayude. Es todo, pueden irse.

Tavo: Abram, esto no está bien. Ve a nuestros compañeros.

Abram: ¿Qué tienen?

Tavo: ¡Están molestos!

Abram: Tavo, ¿te digo la verdad?

Tavo: Dime.

Abram: ¡No es mi problema!

Vocabulario

la amenaza threat
la junta meeting
enterarse to find out
el sentido del humor sense of humor
comportarse to behave

36. INJUSTO

Después de la junta, Tavo y sus amigos se sientan en la fonda de Doña Esmeralda.

Tavo: ¡No es justo!

Ximena: ¡Para nada!

Esmeralda: ¡Chicos! ¿Por qué tan enojados?

Ximena: Porque Abram nos amenaza.

Tavo: Y no podemos hacer nada.

Esmeralda: Ay, muchachos. La vida es injusta a veces.

Tavo: Pues sí, pero ¿qué hacemos?

Esmeralda: Hay dos opciones. O lo aceptan, o hacen algo.

Joaquín: ¿Cómo qué? Si decimos algo, Abram nos despide.

Esmeralda: Eso depende de ustedes. Por cierto, ¿Tavo?

Tavo: ¿Sí?

Esmeralda: Tu papá ya no va a trabajar conmigo.

Tavo: ¿Por qué?

Esmeralda: Porque su brazo ya sanó.

Ximena: ¡Tavo, qué bien!

Joaquín: Que bien que tu papá se mejoró.

Tavo: ¡Sí! Voy a llamarle para felicitarlo.

Vocabulario

amenazar to threaten
injusto unfair
sanar to heal
mejorarse to get better
felicitar to congratulate

37. ME SIENTO MEJOR

Tavo toma su teléfono para llamar a su papá. Quiere expresar su alegría al saber que se siente mejor.

Tavo: ¿Bueno?

Antonio: Tavo, mijo, ¿qué pasó?

Tavo: Doña Esmeralda me dijo que ya no vas a trabajar con ella.

Antonio: No, ya no. Ya me siento mejor.

Tavo: ¡Qué bien, papá! Felicidades.

Antonio: Gracias, Tavo.

Tavo: Ya puedes regresar al mercado.

Antonio: Pues sí.

Tavo: ¿Qué tienes?

Antonio: Nada, solo no estamos vendiendo mucho.

Tavo: ¿Por qué?

Antonio: Porque el supermercado nos quita las ventas.

Tavo: ¿Y eso?

Antonio: Tiene precios demasiado bajos. Tu mamá y yo no podemos hacer nada.

Tavo: Eso está muy mal. ¿Hay algo que pueda hacer?

Antonio: No, mijo, tú no te preocupes. Nosotros nos encargamos.

Vocabulario

tomar to take
expresar su alegría express his joy
quitar take away
las ventas sales
los precios demasiado bajos excessively low prices

38. NO VINO OTRA VEZ

El día siguiente, Joaquín otra vez no va a trabajar. Tavo se preocupa por su amigo y habla con Ximena para preguntar su opinión.

Ximena: ¿Joaquín no te dijo nada?

Tavo: No. Siempre avisa cuando no va a venir.

Ximena: ¿Por qué no le hablas?

Tavo: ¡Buena idea! Voy a hablarle por teléfono… Hmm.

Ximena: ¿Qué pasa?

Tavo: Su teléfono no contesta. Eso no es normal.

Ximena: ¿Tal vez no tiene batería?

Tavo: No sé. Joaquín siempre contesta su teléfono. ¿Y si le pasó algo?

Ximena: ¿Cómo qué?

Tavo: No sé; un accidente, o algo así.

Ximena: ¡No digas eso! Ya me preocupé.

Tavo: ¿Y si después del trabajo vamos a su casa?

Ximena: De acuerdo. ¿Crees que esté bien?

Tavo: No te preocupes, Ximena. Joaquín sabe cuidarse.

Ximena: Eso espero.

Vocabulario

cuidarse to take care of oneself
eso espero I hope so

39. ¡TENGO UNA IDEA!

Al salir de TechnoLine, Tavo y Ximena van a casa de Joaquín. Tocan a la puerta y Joaquín abre.

Joaquín: ¡Tavo, Ximena! ¡Auch!

Ximena: ¡JOAQUÍN! ¿Qué te pasó?

Joaquín: Me asaltaron al esperar el camión.

Tavo: ¡Cómo! ¿Estás bien? ¿Te hicieron daño?

Joaquín: Solo un poco. Cuando el ladrón tenía mis cosas, me clavó un cuchillo.

Tavo: ¿Qué? ¿Por qué?

Joaquín: Porque pudo.

Ximena: Ay, Joaquín, ¿estás bien?

Joaquín: Sí, Ximena. No fue grave, pero me duele.

Tavo: ¡Tienes que ver a un doctor!

Joaquín: Ya fui al doctor y ya me cosió la herida.

Ximena: ¡No puede ser que pase esto!

Joaquín: Pues pasa, Ximena.

Ximena: No está bien. Tavo, ¿podemos hacer algo?

Tavo: Déjame pensar.

Joaquín: Olvídalo, Tavo, no hay nada que podamos hacer.

Tavo: ¡Tengo una idea! Puedo pedirles a nuestros jefes que contraten camiones.

Joaquín: ¿Para qué?

Tavo: Para que nos lleven al trabajo y nos traigan a nuestras casas.

Joaquín: ¿Crees que funcione?

Tavo: Espero que sí. Voy a hablar con Omar para decirle.

Vocabulario

tocar la puerta to knock on the door
al esperar el camión while waiting for the bus
hacerle daño a alguien to hurt someone
el ladrón thief
clavarle un cuchillo a alguien to stick a knife into someone
no fue grave it wasn't serious
coser una herida to stitch a wound

40. ES IMPOSIBLE

Tavo toma su teléfono y le habla a su jefe, Omar. Le cuenta lo que le pasó a Joaquín.

Omar: Pues sí, es grave lo que pasó.

Tavo: Así es. Tomar el camión en la mañana es muy inseguro. Tenemos que hacer algo.

Omar: ¿Cómo qué?

Tavo: Podemos contratar transporte para los trabajadores.

Omar: Hm, no sé, Tavo.

Tavo: ¿Por qué no?

Omar: Porque Joaquín es solo un caso. Ya sé que es tu amigo, pero no es suficiente.

Tavo: ¿Entonces qué hacemos?

Omar: Mira, puedes pedir firmas de tus compañeros de trabajo. Podemos dárselas a Ricardo y él puede decidir que hacemos.

Tavo: Bien, gracias, Omar. Entonces cuelgo.

Omar: Nos vemos mañana, Tavo.

Tavo: Listo. ¿Ximena, Joaquín?

Ximena: ¿Qué te dijo?

Tavo: Que necesitamos las firmas de nuestros compañeros de trabajo.

Joaquín: ¡Ahora sí, es imposible!

Tavo: Para nada. Mañana yo me encargo de hablar con todos.

Vocabulario

inseguro unsafe
contratar transporte to hire transport services
suficiente enough
las firmas signatures
¡ahora sí, es imposible! this time it is actually impossible!

41. FIRMAS

La mañana siguiente, Tavo reúne a sus compañeros de trabajo. Explica la importancia de tener transporte, pero Abram lo interrumpe.

Abram: ¿Qué es esto? No recuerdo haber autorizado una reunión.

Tavo: ¡Abram! Qué bueno que estás aquí. Estaba hablando con nuestros compañeros.

Abram: ¿Sobre qué?

Tavo: Sobre conseguir firmas para contratar transporte.

Abram: ¿Para qué?

Tavo: Para que no se repita lo que le pasó a Joaquín. Lo asaltaron al esperar el camión.

Abram: ¿Y?

Tavo: Joaquín es un trabajador de la empresa. Además, es algo que les puede pasar a todos.

Abram: Mira, casi todos tienen carro, ¿no?

Tavo: No todos, Abram. Nuestros compañeros deben sentirse seguros, por eso les pido sus firmas.

Abram: Tavo, esto es ridículo. No es culpa de la empresa que tu amigo sea foráneo, ¿o sí?

Tavo: ¿A qué te refieres con foráneo?

Abram: A que vive muy lejos de la ciudad. La verdad, Joaquín debería quedarse en su pueblo.

Tavo: ¡Cómo dices eso!

Abram: Es la verdad.

Tavo: ¿Sabes qué? No puedo con esto. Me voy.

Vocabulario

reunir to gather
conseguir firmas to get signatures
la reunión meeting
no es culpa de la empresa it's not the company's fault
¿a qué te refieres? what do you mean?

42. CÁLMATE

Tavo sale de su trabajo. Va a la fonda de Doña Esmeralda para calmarse

Esmeralda: ¡Tavo! ¿Qué pasa, estás bien?

Tavo: Sí, no pasa nada.

Esmeralda: Mijo, no nací ayer. ¿Qué tienes?

Tavo: Nada, solo no soporto a Abram.

Esmeralda: ¿Qué hizo ahora?

Tavo: Burlarse de Joaquín porque lo asaltaron y por vivir lejos.

Esmeralda: ¿Por qué hizo eso?

Tavo: Porque quiere molestar.

Esmeralda: No le hagas caso a Abram. ¿Y Joaquín, está bien?

Tavo: Sí, recuperándose.

Esmeralda: Que bueno. Lo vi mal el otro día.

Tavo: ¿Por qué?

Esmeralda: No sé, parecía que algo le pasó.

Tavo: Hm, el otro día escuchó un rumor.

Esmeralda: ¿De qué?

Tavo: De que Ximena y yo estamos juntos.

Esmeralda: ¿Crees que eso lo molestó?

Tavo: No sé. Pero voy a preguntarle.

Vocabulario

no soporto a Abram I can't stand Abram
burlarse de alguien to make fun of someone
molestar to bother
no le hagas caso don't listen to him
recuperarse to recover

43. DE VUELTA A LA ACCIÓN

La mañana siguiente, Joaquín regresa a trabajar. Juntos, Joaquín y Tavo le cuentan a sus compañeros lo sucedido. A Abram no le gusta.

Joaquín: Me asaltaron al esperar el camión. Me quitaron todo, pero estoy bien.

Compañero: ¿Pero qué hacías tan temprano?

Tavo: Joaquín tiene que tomar el camión muy temprano para llegar a tiempo. ¿No es así?

Joaquín: Así es.

Abram: Eso es problema suyo.

Compañera: ¡Claro que no! Yo también me siento insegura.

Joaquín: A cualquiera de nosotros nos puede pasar.

Tavo: Por eso es importante tener transporte seguro.

Abram: ¡No lo creo! Es un gasto innecesario.

Compañero: Claro, como tú vienes en limosina.

Abram: ¿Perdón?

Compañera: Sí, Abram, tú no te preocupas por nada.

Joaquín: Nosotros sí tenemos problemas.

Tavo: Por eso hay que pedir transporte.

Abram: ¡Bien! Hagan lo que quieran, no me importa. ¡Me voy!

Tavo: Abram se enojó. ¿Crees que haga algo?

Joaquín: No lo sé. Por mientras, hay que pedir firmas.

Tavo: Sí, tienes razón.

Vocabulario

de vuelta a la acción back in action
a tiempo on time
¡no lo creo! I don't think so!
el gasto innecesario unnecessary expense
por mientras in the meantime

44. UN BUEN GERENTE

Mientras Tavo y Joaquín consiguen firmas, Ricardo llama a Tavo a su oficina.

Ricardo: Tavo, que bueno verte.

Tavo: Igualmente.

Ricardo: ¿Escuché que estás recolectando firmas?

Tavo: Así es.

Ricardo: ¿Para qué?

Tavo: Para pedir que haya transporte.

Ricardo: ¿Para los trabajadores?

Tavo: Exactamente. ¿Sabe usted que asaltaron a Joaquín?

Ricardo: No, no lo sabía.

Tavo: Pues, lo asaltaron. Y otros trabajadores se sienten inseguros.

Ricardo: En ese caso, recolecta las firmas. Yo hago el resto.

Tavo: Muchísimas gracias.

Ricardo: Por nada, Tavo. Lo más importante son los trabajadores.

Tavo: Así es.

Ricardo: Y, ¿qué me dices de Abram?

Tavo: Este... si, ¿qué de Abram?

Ricardo: ¿Es bueno en su trabajo?

Tavo: ¡Sí, sí! Lo es, muy bueno.

Ricardo: Hm, no suenas convencido. ¿Algo está mal?

Tavo: No, todo está bien.

Ricardo: ¿Estás seguro, Tavo?

Tavo: Sí, estoy seguro. Abram trabaja bien, no tiene problemas.

Ricardo: Hmm. Solo recuerda que puedes decirme si algo sucede.

Tavo: Claro que sí.

Vocabulario

recolectar firmas to collect signatures
en ese caso in that case
yo hago el resto I'll do the rest
¿qué me dices de Abram? what about Abram?
convencido convinced

45. BIEN HECHO

Tavo sale de la oficina de Ricardo. Joaquín se le acerca para darle las gracias.

Joaquín: Tavo, escuché que hablaste con el jefe. Muchas gracias por tu ayuda.

Tavo: No tienes que agradecerme. Lo importante es la seguridad de todos.

Joaquín: Pues, es gracias a tu ayuda que tendremos transporte.

Tavo: Ni lo menciones. Por cierto, ¿puedo preguntarte algo?

Joaquín: Dime.

Tavo: Has estado molesto desde el rumor.

Joaquín: ¿Cuál rumor?

Tavo: Que Ximena y yo estamos juntos.

Joaquín: Ah. Eso. No es nada.

Tavo: ¡Joaquín, mírate! Te enojaste de inmediato.

Joaquín: Bueno, ¿te digo la verdad?

Tavo: Dime.

Joaquín: Me gusta Ximena, mucho. ¿Contento?

Tavo: ¿Por qué no me habías dicho nada?

Joaquín: Porque somos compañeros de trabajo. Además, se nota que a ella le gustas tú.

Tavo: ¡Claro que no!

Joaquín: ¿Ah, no? Pregúntale, mira, ahí viene.

Ximena: ¡Tavo, Tavo!

Tavo: Ximena, ¿qué tienes?

Ximena: ¡No hay tiempo! Tavo, Joaquín, ¡vengan conmigo!

Vocabulary

bien hecho well done
la seguridad safety
mírate! look at you!
te enojaste de inmediato you got mad immediately
se nota que a ella le gustas tú you can tell that she likes you

46. VANDALISMO

Tavo y Joaquín siguen a Ximena al estacionamiento. Cuando llegan, Ximena les muestra lo que vio.

Ximena: Tavo, ¡mira, en tu carro!

Tavo: ¿Qué tiene? Pero... ¿Pero qué es esto?

Joaquín: ¿Qué pasó, Tavo?

Tavo: ¡Alguien rayó la pintura de mi carro!

Joaquín: ¿En serio? ¡No manches! ¿Quién fue? ¿Ximena?

Ximena: No sé, Joaquín. Vine al estacionamiento por unas cosas y vi a alguien correr.

Tavo: Ximena, ¿te pasó algo?

Ximena: No, yo estoy bien. Pero lo siento.

Tavo: ¿Por qué?

Ximena: Porque no vi quién rayó tu carro.

Tavo: No importa. Lo importante es que estás bien.

Ximena: Aun así, esto está mal. Tenemos que ir con seguridad.

Tavo: ¿Para qué?

Joaquín: ¡Para ver el video de vigilancia! ¿Verdad, Ximena?

Ximena: ¡Cierto! Podemos ver quién fue.

Tavo: Bueno, vamos.

Vocabulario

el estacionamiento parking lot
rayar to scratch
la pintura paint
aun así even so
seguridad security
el video de vigilancia surveillance video

47. ¿QUIÉN FUE?

Los tres amigos van a la oficina de seguridad. Ahí, le piden al encargado el video del estacionamiento.

Encargado: Sí, aquí está el video. ¿Lo quieren digital?

Tavo: Sí, por favor.

Encargado: Bueno. Mientras, hay que ver la grabación para reportar al responsable.

Ximena: Muchas gracias.

Encargado: No se preocupen, vamos a ver quién fue… ¡Ahí! ¿Lo reconocen?

Tavo: ¡No puede ser!

Ximena: ¡Cómo!

Joaquín: ¡Qué sorpresa!

Tavo: ¿Joaquín?

Joaquín: ¿Les sorprende? ¡Pero claro que fue Abram!

Ximena: ¿Y qué vamos a hacer?

Tavo: Vamos a hablar con él.

Joaquín: No va a escuchar.

Tavo: ¡Tiene que escucharnos! Esto fue demasiado.

Ximena: Te sigo.

Vocabulario

el encargado person in charge
la grabación footage
reconocer to recognize
¡no puede ser! this can't be!
seguir to follow

48. CONFRONTACIÓN

Los tres van a la oficina de Abram. Al entrar, Abram les pregunta que es lo que quieren.

Tavo: Tú sabes bien lo que queremos, Abram.

Abram: ¿Ah, sí?

Joaquín: Tienes que darle una explicación a Tavo.

Abram: ¿Por qué?

Ximena: ¡Por rayar su carro!

Abram: ¡Eso es absurdo! No rayé su carro.

Tavo: Vimos el video, Abram. Tú estabas en el estacionamiento, ¡tú fuiste!

Abram: Digamos que fui yo, ¿y? Nadie te va a creer.

Tavo: ¡Voy a quejarme!

Abram: ¿Con quién? Recuerda, mi tío es el gerente. No quieres que te corran, ¿verdad?

Tavo: Yo... Yo... No. No quiero que me corran.

Ximena: ¡Tavo!

Tavo: Está bien, Ximena. No pasa nada. Déjalo, Abram, ya nos vamos.

Ximena: ¡Gustavo Antonio! ¿Vas a dejar que te trate así?

Tavo: Sí, Ximena. Déjalo, no vale la pena. No quiero perder mi trabajo, y menos con los problemas de mis papás.

Ximena: No está bien, Tavo. Entiendo, pero no está bien.

Vocabulario

al entrar on the way in
¡tú fuiste! it was you!
digamos que fui yo let's say it was me
no pasa nada it's okay
¿vas a dejar que te trate así? are you gonna let him treat you like that?

49. ¡HAZ ALGO!

Los tres salen de la oficina de Abram. En el pasillo, Joaquín y Ximena hablan con Tavo.

Joaquín: En serio, debes hacer algo.

Tavo: ¿Cómo qué?

Joaquín: ¡Quéjate! ¡Dile a Ricardo!

Tavo: Entiende que no puedo, Joaquín.

Joaquín: ¿Por qué no? ¿Porque te despiden?

Tavo: Sí, no quiero que me corran.

Joaquín: Me decepcionas, Tavo.

Tavo: ¿Por qué?

Joaquín: Porque no haces nada. Dejas que Abram te trate mal.

Tavo: ¡Entiende! Necesito el trabajo, y Ricardo es tío de Abram.

Joaquín: ¿Y qué importa?

Tavo: ¡Que si me quejo, me corren! Déjame en paz, Joaquín. Si a ti no te importa tu trabajo, ¡a mí sí!

Joaquín: Yo tampoco quiero que me corran, Tavo. No por eso me comporto así.

Tavo: ¿Cómo?

Joaquín: Como tú. Ya me voy, no quiero estar aquí.

Vocabulario

el pasillo hallway
¡quéjate! complain (imperative)
decepcionar to disappoint
¿qué importa? what does it matter?
déjame en paz leave me alone

50. DESPIDOS

El día siguiente, Joaquín va molesto a trabajar. Se acerca con Tavo para contarle algo que pasó.

Joaquín: Mira, despidieron a algunos trabajadores.

Tavo: ¿Por qué?

Joaquín: Nadie sabe. Todos son como tú, tienen miedo.

Tavo: ¿Por qué nadie me dijo nada?

Joaquín: No sé, pregúntale a Omar. O a tu amigo, Abram.

Tavo: Joaquín, lo siento. Estaba enojado ayer.

Joaquín: No pasa nada, te entiendo. Yo también me siento molesto.

Tavo: ¿Por Abram?

Joaquín: Por Abram.

Tavo: Qué mal. Oye, esta persona de aquí, ¿lo despidieron?

Joaquín: Sí, ¿por qué?

Tavo: Porque él vino a mi oficina a quejarse de Abram.

Joaquín: ¿En serio?

Tavo: Sí, ¿eso lo afectó?

Joaquín: Ni idea. Hm, pero a las personas que despidieron no les agradaba Abram.

Tavo: Bueno, te propongo algo.

Joaquín: Dime.

Tavo: Tú me disculpas y yo le pregunto a Omar, ¿va?

Joaquín: Va. Disculpa aceptada. Ahora ve, pregúntale a Omar.

Vocabulario

los despidos dismissals
¿eso lo afectó? did that affect him?
te propongo algo I'll tell you what (to suggest a plan)
disculpar to forgive
disculpa aceptada apology accepted

51. ¡NO TE METAS!

Después de hablar con Joaquín, Tavo va con Omar. Tavo entra en la oficina y ve a Omar sentado en su silla.

Tavo: Omar, ¿puedo hablar contigo?

Omar: Adelante, Tavo. ¿Qué sucede?

Tavo: Despidieron a algunas personas.

Omar: Ah, sí.

Tavo: ¿Por qué no me informaron?

Omar: Fue una decisión rápida.

Tavo: ¿Y por qué los despidieron?

Omar: Solo fue necesario, Tavo. Déjalo así.

Tavo: Omar, ¿por qué despidieron a mis compañeros?

Omar: Ya te lo dije, Tavo. Fue necesario.

Tavo: ¿Qué hicieron? ¿Por qué esa decisión?

Omar: Mira, Tavo, ya no hagas más preguntas.

Tavo: ¿Por qué? Esto no está bien, Omar.

Omar: Tavo, te lo digo como amigo, déjalo.

Tavo: Te pregunto como trabajador, ¿por qué los despidieron?

Omar: ¿Como trabajador? Entonces, te contesto como jefe. ¡No te metas!

Tavo: Omar, ¿qué está pasando?

Omar: No es tu problema. ¿Ya terminamos?

Tavo: Sí, Omar. Terminamos.

Vocabulario

te lo digo como amigo I'm telling you as a friend
déjalo así leave it at that
¡no te metas! stay out of it!
¿ya terminamos? are we done here?

52. ¿QUÉ HAGO?

Más tarde, Tavo va solo a la fonda de Doña Esmeralda. Se sienta a pensar en lo que pasó.

Esmeralda: ¡Tavo! ¿Y tus amigos?

Tavo: Se fueron a sus casas.

Esmeralda: Ah, ¿y tú? ¿Qué tienes?

Tavo: Nada, solo no sé qué hacer.

Esmeralda: ¿Todavía tienes problemas con Abram?

Tavo: Sí. Ya despidieron a algunos de mis compañeros.

Esmeralda: ¿Por qué?

Tavo: No sé, nadie me avisó.

Esmeralda: Algo malo está pasando.

Tavo: Lo sé, pero ¿qué hago?

Esmeralda: Lo correcto, mijo.

Tavo: Pero es muy arriesgado. Puedo perder mi empleo.

Esmeralda: A veces, tienes que arriesgarte para hacer lo correcto.

Tavo: ¿Por qué dice eso, Doña Esmeralda?

Esmeralda: Ay, mijo. Por nada, no te preocupes.

Tavo: Doña Esmeralda, ¿qué tiene? ¿Por qué dice eso?

Esmeralda: Hmm, mira Tavo, ¿qué tal si te invito un café?

Tavo: ¡Me encantaría! Pero ¿por qué?

Esmeralda: Para contarte lo que me pasó.

Vocabulario

¿y tus amigos? where are your friends?
es muy arriesgado it's too risky
¿qué tal si te invito un café? how about I buy you a coffee?
¡me encantaría! I'd love to!

53. LO QUE SUCEDIÓ

Doña Esmeralda le trae un café a Tavo. Se sienta a platicar con él para contarle por qué cerró su fonda.

Esmeralda: ¿Recuerdas el día que cerré?

Tavo: Sí, Doña Esmeralda. ¿Por qué cerró?

Esmeralda: Eso te voy a contar.

Tavo: La escucho.

Esmeralda: Bueno, mi hijo es policía. El día que cerré, le dije que no saliera de la casa.

Tavo: ¿Por qué?

Esmeralda: No sé, tenía un mal presentimiento.

Tavo: ¿Le pasó algo a su hijo?

Esmeralda: Sí. Asaltaron a alguien y lo mandaron a él a investigar.

Tavo: ¿Qué le pasó?

Esmeralda: Le dispararon.

Tavo: ¿¡Cómo!? ¿Está bien su hijo?

Esmeralda: Sí, Tavo, gracias por preguntar.

Tavo: ¿Por eso cerró?

Esmeralda: Sí. Fui a cuidarlo en el hospital. Mi hijo está bien, gracias a Dios. Lo que te quiero decir, Tavo, es que él hizo lo correcto porque fue a investigar. Tú eres como él, haces lo correcto y ayudas a las personas.

Tavo: Lo intento, Doña Esmeralda, pero...

Esmeralda: Sin peros. Estoy segura que vas a hacer lo correcto.

Tavo: ¿Por qué?

Esmeralda: Porque te conozco y sé que vas a ayudar a tus compañeros.

Tavo: Voy a hacer lo que pueda, ¡lo prometo!

Vocabulario

el mal presentimiento bad feeling
lo mandaron a él a he was sent to
dispararle a alguien to shoot someone
gracias por preguntar thanks for asking
gracias a Dios thank God
sin peros no buts
voy a hacer lo que pueda I will do all I can

54. DISCULPAS

Tavo sale de la fonda y se siente mejor. Decide hablarle por teléfono a Ximena para preguntarle qué piensa; toma su teléfono y marca su número.

Tavo: ¿Bueno? ¿Ximena?

Ximena: Tavo, ¿qué pasó?

Tavo: Quiero preguntarte algo.

Ximena: Dime.

Tavo: ¿Qué piensas que debo hacer con Abram?

Ximena: Pues nada.

Tavo: ¿Nada?

Ximena: Eso es lo que quieres hacer, ¿no? Nada.

Tavo: No, Ximena... Te pido disculpas.

Ximena: ¿Por qué?

Tavo: Por decir eso.

Ximena: Me decepcionaste mucho, ¿sabes?

Tavo: ¿Por qué?

Ximena: Porque tú siempre ayudas a los demás. No me gusta ver que no haces nada.

Tavo: Lo siento. Solo tengo miedo, no quiero que me corran.

Ximena: No te preocupes, Tavo, te entiendo. Yo tampoco quiero que me corran.

Tavo: No, pero lo que hace Abram no está bien.

Ximena: Pues no. De todas formas, eres el único que hace algo.

Tavo: Supongo.

Ximena: No eres como los demás, ¿sabes?

Tavo: ¿Por qué?

Ximena: Porque aunque tienes miedo, haces lo que puedes.

Tavo: Hmm, cierto. Bueno, gracias por tu tiempo. Tengo que pensar.

Ximena: Por nada, Tavo. Cuando quieras.

Vocabulario

te pido disculpas I apologize
supongo I guess so
no eres como los demás you're not like other people
aunque even though

55. MÁS RAZONES PARA ACTUAR

La mañana siguiente, Tavo invita a Joaquín y Ximena a su oficina. Sus amigos entran para hablar con él.

Joaquín: ¿Qué pasó, Tavo? Y, ¿quién salió de tu oficina?

Tavo: De eso quiero hablarles.

Ximena: ¿De qué?

Tavo: Ese compañero vino a quejarse.

Joaquín: Déjame adivinar, ¿de Abram?

Tavo: Ajá.

Ximena: Qué sorpresa. ¿Qué te dijo?

Tavo: Que Abram cada vez es peor. Nuestros compañeros están molestos y se sienten incómodos con él.

Joaquín: ¿Por qué?

Tavo: Porque su actitud empeora.

Joaquín: Más razones para actuar.

Ximena: Eso me preocupa. Esto tiene que parar.

Tavo: Tienes razón.

Joaquín: ¿Qué hacemos? ¿Le rompemos la cara?

Ximena: ¡Joaquín, no!

Joaquín: Calma, solo estoy bromeando. ¿Le decimos a su tío?

Tavo: Podríamos, pero no sé si es buena idea.

Joaquín: ¿Por qué no?

Tavo: Porque es su tío. No sé cómo reaccione.

Joaquín: No puede ser peor que esto.

Tavo: No, supongo que no. Hm, les propongo algo.

Ximena: Dinos.

Tavo: ¿Nos vemos más tarde con Doña Esmeralda?

Ximena: Va. ¿Joaquín?

Joaquín: Claro. Ahí nos vemos.

Vocabulario

más razones para actuar more reasons to take action
déjame adivinar let me guess
sentirse incómodo to feel uncomfortable
empeorar to worsen
¿le rompemos la cara? shall we smash his face in?

56. INCERTIDUMBRE

Tavo regresa a su casa. Se sienta a comer con sus papás.

Olivia: ¿Cómo te fue, Tavo?

Tavo: Bien, supongo. ¿Y a ustedes?

Antonio: Pues, más o menos.

Tavo: ¿Y eso?

Olivia: Hoy no vendimos nada.

Tavo: ¡No manches! ¿En serio?

Antonio: Ajá. Eso nos asusta.

Tavo: ¿Por qué?

Olivia: Porque vamos a tener que cerrar la tienda.

Tavo: No digas eso, mamá. No van a tener que cerrar. Van a ver que todo va a estar bien.

Antonio: ¿Y tú, cómo estás?

Tavo: ¿Por qué preguntas?

Olivia: Tavo, mijo, no nos mientas. Nos damos cuenta que algo no está bien.

Tavo: ¿De qué hablas?

Olivia: Te ves molesto, cansado y no nos dices nada.

Antonio: Tavo, ¿está todo bien?

Tavo: Sí... sí. Todo está bien, perdón. Solo estoy muy cansado.

Olivia: Tavo, ¿estás seguro?

Antonio: Tú sabes que puedes decirnos.

Tavo: Ya les dije, todo está bien. No se preocupen. Voy a la fonda con Ximena y Joaquín, nos vemos.

Vocabulario

la incertidumbre uncertainty
eso nos asusta that scares us
mentir to lie
darse cuenta to notice
ya les dije I've already told you (plural)

57. ME ESTÁ MATANDO

Tavo va a la fonda de Doña Esmeralda con Joaquín y Ximena. Se sientan juntos en su mesa favorita.

Tavo: Ya no puedo más.

Joaquín: ¿Por qué?

Tavo: La cosa con Abram me está matando.

Ximena: A todos, Tavo. A todos.

Tavo: No tengo ganas de ir a trabajar mañana.

Joaquín: Pero Tavo, tienes que ir.

Tavo: ¿Por qué?

Ximena: Porque si no vas a trabajar, te corren.

Tavo: Cierto, cierto.

Joaquín: Aun así, te entiendo, Tavo.

Tavo: Gracias, pero ¿por qué?

Joaquín: Porque, la verdad, he estado pensando en renunciar.

Tavo: ¡No! ¿En serio?

Ximena: ¿Por qué, Joaquín?

Joaquín: Porque quiero un trabajo cerca de mi casa.

Tavo: ¿En verdad es eso, Joaquín?

Joaquín: No. La verdad, ya me cansé de Abram y de cómo nos trata.

Tavo: Yo también me cansé.

Joaquín: En serio, ¡quiero golpearle la cara!

Tavo: Jaja, eso sería muy divertido.

Ximena: Sí, pero ¡seguro te corren!

Joaquín: Pues sí, pero sería la mejor renuncia.

Vocabulario

ya no puedo más I can't take anymore
me está matando it's killing me
no tengo ganas de ir a trabajar I don't feel like going to work
¡quiero golpearle la cara! I want to smash his face!
eso sería muy divertido that would be so fun

58. YA NO ME IMPORTA

Doña Esmeralda trae las bebidas de Tavo y sus amigos. Escucha a Joaquín y su deseo de golpear a Abram.

Esmeralda: ¡Joaquín, no digas eso! Si no te corren, ¡te meten a la cárcel!

Joaquín: Solo estoy bromeando, Doña Esmeralda.

Esmeralda: ¡Órale pues! Aquí están sus bebidas.

Tavo: ¿Por qué tan molesta, Doña Esmeralda?

Esmeralda: Porque no me gusta verlos así.

Ximena: A nosotros tampoco.

Esmeralda: ¡Entonces hagan algo! Miren muchachos, si todos trabajan juntos, Abram no les puede hacer nada.

Tavo: ¿A qué se refiere, Doña Esmeralda?

Esmeralda: A que no puede despedirlos a todos.

Tavo: Eso no lo sabemos.

Esmeralda: Mira Tavo, lo peor que puede hacer es correrlos. ¿Eso sería tan malo?

Joaquín: Pues no.

Ximena: No, la verdad no. Pero no quiero perder mi trabajo.

Tavo: Yo tampoco. Lo necesito.

Joaquín: A mí ya no me importa.

Ximena: ¿Por qué?

Joaquín: Estoy cansado, es todo.

Tavo: Aun así, no sabemos de qué es capaz Abram.

Ximena: No, y eso me asusta.

Esmeralda: Lo entiendo, mija. Pero alguien tiene que hacer algo.

Ximena: Ya sé.

Joaquín: Tenemos que decidir.

Tavo: Cierto, pero no va a ser fácil.

Esmeralda: Las decisiones importantes son difíciles, muchachos. Por eso son importantes.

Vocabulario

ya no me importa I don't care anymore
el deseo wish
meter a alguien a la cárcel to put someone in jail
¡órale pues! alright then!
no sabemos de qué es capaz we don't know what he's capable of

59. ATRAPADO

El día siguiente, Omar llama a Tavo a su oficina. Cuando Tavo entra, se da cuenta que algo no está bien.

Tavo: Buenos días, Omar. ¿Qué sucede?

Omar: ¿Qué sucede? Ay, Gustavo, ¿qué voy a hacer contigo?

Tavo: ¿De qué hablas, Omar?

Omar: Tavo, tu desempeño está mal; llegas tarde, causas problemas. ¿Qué sucede?

Tavo: Este… nada. Problemas personales.

Omar: ¿Aquí en TechnoLine?

Tavo: No, Omar. Fuera del trabajo. Discúlpame, no vuelve a pasar.

Omar: Pues, más vale que no.

Tavo: ¿Por qué?

Omar: Porque estás a prueba.

Tavo: ¡Qué! ¿Por qué?

Omar: Porque tu actitud no ha sido buena.

Tavo: ¿Qué actitud, Omar?

Omar: Causar problemas con tus compañeros.

Tavo: ¿Qué problemas? Dime.

Omar: Tavo, ya. Detente. Tienes suficientes problemas, no busques más.

Tavo: Pero...

Omar: Pero ya te vas, ¿no?

Tavo: Sí, como digas.

Vocabulario

atrapado trapped
el desempeño performance
no vuelve a pasar it won't happen again
más vale que no it better not (happen again)
¿no? isn't it?
como digas whatever you say

60. CONSEJOS DE MADRE

Tavo sale de la oficina de Omar. Desesperado, le llama a su mamá y le cuenta sus problemas con Abram y con Omar.

Olivia: ¡Ay, mijo! ¿Por qué no habías dicho nada?

Tavo: Porque no quería preocuparlos a ti y a mi papá.

Olivia: Mijo, eso no importa. Lo importante es que tú estés bien.

Tavo: Pero si me corren, no puedo ayudarlos.

Olivia: De eso no te preocupes. Mira, si ya no te sientes bien en TechnoLine, renuncia. Si el trabajo te afecta, no te quedes ahí.

Tavo: Voy a pensarlo, mamá. Gracias por escucharme.

Olivia: Cuando quieras, mijo.

Tavo: Gracias. Oye, al rato hablamos. Ahí viene Ximena.

Olivia: Hasta luego, Tavo. Salúdame a Ximena.

Tavo: Claro, hasta luego. ¡Ximena! ¿Todo bien?

Ximena: Todo bien. ¿Y tú?

Tavo: Más o menos. Tuve problemas con Omar.

Ximena: ¿Por qué?

Tavo: ¿La verdad? Creo que por quejarme de Abram.

Ximena: ¿En serio?

Tavo: Sí. No sé qué hacer.

Ximena: Hm, ¿quieres venir con Raúl y conmigo al parque?

Tavo: ¿No es molestia?

Ximena: ¡Para nada! Raúl pregunta mucho por ti.

Vocabulario

desesperado desperate
salúdame a Ximena say hi to Ximena for me
¿no es molestia? wouldn't it be a nuisance?
pregunta mucho por ti he keeps asking about you

61. UN RATO AGRADABLE

Al salir, Tavo, Ximena y Raúl van al parque. Se sientan a platicar, mientras Raúl juega.

Tavo: Qué bien estar lejos de Abram, ¿no crees?

Ximena: Sí. Necesitábamos este descanso, ¿no?

Tavo: Así es. A ver qué pasa.

Ximena: Sí. Oye, ¿has notado a Joaquín?

Tavo: ¿Qué tiene Joaquín?

Ximena: Se porta raro, ¿no?

Tavo: Hm, sí, supongo.

Ximena: ¿Sabes por qué?

Tavo: Este… Sí, pero…

Ximena: ¿Pero?

Tavo: Mira, no le digas que dije, ¿va?

Ximena: Va.

Tavo: Bueno, ¿recuerdas el rumor?

Ximena: ¿De que estamos juntos?

Tavo: Ese. Pues, a Joaquín le gustas.

Ximena: ¿Es en serio?

Tavo: Sí, pero no te preocupes. Él sabe que nada puede pasar.

Ximena: Pues no, somos compañeros de trabajo. Además, no es mi tipo.

Tavo: ¿Ah, no? ¿Entonces, cuál es tu tipo?

Ximena: ¡Oye! Eso no se pregunta.

Tavo: Sí... no... este, ¡perdón por preguntar! No sé qué estaba pensando.

Ximena: ¡Tavo!

Tavo: ¿Qué?

Ximena: ¡Relájate!

Tavo: Perdón.

Ximena: ¡Ay, Tavo! ¡Aprende a divertirte!

Vocabulario

un rato agradable a nice time
a ver qué pasa let's see what happens
a Joaquín le gustas Joaquín likes you
no es mi tipo he's not my type
¡relájate! relax!

62. NUEVAS REGLAS

El día siguiente, Tavo tiene malas noticias. Se acerca con Joaquín y Ximena para decirles.

Tavo: Malas noticias.

Joaquín: ¿Ahora qué?

Tavo: Hay nuevas reglas.

Ximena: ¿De qué?

Tavo: Ahora, para quejarse, debe ser frente a frente.

Ximena: ¡No manches!

Joaquín: ¿Y eso para qué?

Tavo: Para que nadie se queje, sin duda.

Ximena: No me sorprende.

Tavo: ¿Por?

Ximena: Vi a Abram tirar café en los papeles de alguien. Y si dice algo, Abram lo corre.

Joaquín: ¡En serio alguien debería golpear a Abram ya!

Tavo: Eso no resuelve nada. Solo empeoraría las cosas.

Joaquín: Ya estoy cansado de él.

Ximena: Yo también.

Tavo: Y yo, pero tenemos que mantener la calma.

Vocabulario

las nuevas reglas new rules
las malas noticias bad news
frente a frente face to face
sin duda without a doubt
tirar café to spill coffee
mantener la calma to keep calm

63. ALGO QUE DECIR

En la tarde, Tavo, Ximena y Joaquín van con Doña Esmeralda. Ordenan la comida y Joaquín habla con Ximena.

Joaquín: Este, ¿Ximena?

Ximena: Dime.

Joaquín: Tengo algo que decir.

Tavo: Eeh… ¿Quieren que me vaya?

Joaquín: No, quédate. Es rápido. Ximena, quiero confesarte algo.

Ximena: ¿Qué sucede, Joaquín?

Joaquín: Mira, es que… Ah, bueno, es difícil. Bueno, mira, me gustas mucho, la verdad. Pero sé que no podemos estar juntos.

Ximena: Ay, Joaquín. Mira, eres un gran amigo para mí y no quiero perder eso.

Joaquín: Yo tampoco. Perdón si no he estado actuando normal, era por eso.

Ximena: Te entiendo, Joaquín. Gracias por decirme.

Joaquín: Gracias por escucharme. Además, tú y Tavo hacen mejor pareja.

Tavo: ¿QUÉ?

Ximena: ¿Él... yo? ¡No!

Tavo: ¡No, para nada! ¿Qué dices Joaquín? ¿Estás borracho?

Joaquín: ¡Jaja! ¿Ven? ¡Están hechos uno para el otro!

Tavo y Ximena: ¡CÁLLATE JOAQUÍN!

Vocabulario

¿quieren que me vaya? do you want me to leave?
tú y Tavo hacen mejor pareja you and Tavo make a better couple
¿estás borracho? are you drunk?
¡están hechos uno para el otro! you are made for each other!
¡cállate! shut up!

64. HAY ESPERANZA

Doña Esmeralda llega con la comida y ve a los amigos platicar. Se une a la conversación, feliz de verlos alegres.

Esmeralda: Ay, que bueno es verlos contentos. ¿De qué te ríes, Joaquín?

Joaquín: De que Tavo y Ximena...

Tavo: ¡DE UN CHISTE!

Ximena: ¡Sí, un chiste, muy chistoso, que nos contó Joaquín!

Joaquín: Uy, perdón.

Esmeralda: Bueno, ¿ya pensaron qué hacer con Abram?

Tavo: Todavía no.

Ximena: Como es sobrino del gerente, no podemos hacer nada.

Esmeralda: Ay, Joaquín. Muchachos, ¿en verdad sería tan malo si los despiden?

Tavo: La verdad, ya no sé. Estos días han sido un infierno.

Esmeralda: Miren, dice el dicho: El valiente vive hasta que el cobarde quiere. Solo ustedes pueden detener a Abram.

Tavo: ¿Y si no funciona?

Esmeralda: ¡Pues le dan un golpe!

Joaquín: ¡ASÍ ES, DOÑA ESMERALDA!

Ximena: Doña Esmeralda, ¡no le diga eso! Bueno, entonces, ¿qué hacemos?

Tavo: Hay que llamar a todos a mi oficina y hablar con ellos.

Ximena: Bien. Joaquín, tú y yo ayudamos mañana, ¿va?

Joaquín: Va.

Esmeralda: Mucha suerte, muchachos. ¿Joaquín?

Joaquín: ¿Sí?

Esmeralda: ¡Nada de golpes!

Joaquín: ¡Aww! Pero Doña Esmeralda...

Esmeralda: ¡A menos que sean necesarios!

Vocabulario

el chiste joke
chistoso funny
el infierno hell
el valiente vive hasta que el cobarde quiere the brave man lives as long as the coward allows
a menos que unless

65. HABLAR FUNCIONA

El día siguiente, Tavo y sus amigos reúnen a sus compañeros de trabajo. Tavo les dice su idea.

Tavo: ¡Miren! Si todos nos unimos, Abram no puede hacernos nada.

Compañero: ¿Y su tío?

Ximena: Tampoco.

Joaquín: No pueden corrernos a todos.

Tavo: Y si nos quejamos juntos, tiene que escucharnos.

Compañera: ¡Sí!

Compañero: ¡Hay que hacerlo!

Tavo: Juntos podemos detener a Abram.

Ximena: Oye, Tavo, ¿tocaron la puerta?

Tavo: No sé. Joaquín, tú estás más cerca, ¿abres la puerta?

Joaquín: Claro, yo abro... ¿Omar?

Omar: A ver, ¿qué está pasando aquí?

Tavo: Solo una reunión, nada importante.

Omar: Te lo advertí. Gustavo Sánchez, Joaquín Gutiérrez, Ximena Rodríguez, los tres a mi oficina, ¡YA! Los demás, vuelvan a trabajar.

Vocabulario

unirse to come together
¡hay que hacerlo! let's do it!
¿tocaron la puerta? did someone knock the door?
advertir to warn
vuelvan a trabajar get back to work

66. ¡ESTÁN DESPEDIDOS!

Tavo, Joaquín y Ximena siguen a Omar a su oficina. Al entrar, ven a Abram sonriendo.

Abram: ¡Mira nada más! Los tres alegres compadres. ¿Quién lo diría?

Tavo: ¡Abram!

Joaquín: ¡Sabía que era él!

Ximena: ¡Qué vergüenza!

Omar: ¡Silencio los tres! No empeoren las cosas. ¿Abram?

Abram: Gracias, Omar. Como saben, no pueden reunir a sus compañeros sin permiso.

Joaquín: ¿Desde cuándo?

Abram: ¡Desde que yo lo dije! Así que, tengo que despedirlos. Qué tristeza.

Tavo: Abram, esa regla no existe.

Abram: Ahora existe, ¡porque yo lo digo!

Ximena: ¿Quién eres tú para poner las reglas?

Abram: Soy el sobrino del gerente, así que tienen que... ¡AUCH!

Tavo: ¡JOAQUÍN! ¿Qué hiciste?

Abram: ¡MI NARIZ! ¡AUCH, DUELE!

Ximena: ¡Joaquín! ¿Por qué lo golpeaste?

Joaquín: ¡Porque lo merecía!

Abram: ¡AUCH! Omar, ¿se ve muy mal?

Omar: Vivirás, no te preocupes. Pero ustedes tres, ¡SALGAN DE MI OFICINA!

Tavo: Omar...

Omar: ¡YA! Antes de que llame a seguridad.

Vocabulario

sonreír to smile
¡mira nada más! would you look at that!
¡qué vergüenza! what a disgrace!
qué tristeza how sad
merecer to deserve

67. ¿AHORA QUÉ HACEMOS?

Los tres amigos dejan la oficina. Van a la fonda de Doña Esmeralda a pensar que es lo que harán.

Esmeralda: Muchachos, se ven tristes. ¿Qué pasó?

Tavo: Nos despidieron.

Esmeralda: ¿A los tres?

Tavo: Sí.

Esmeralda: ¿Por qué?

Ximena: Por causar problemas.

Esmeralda: ¿Qué problemas?

Tavo: Ir contra Abram.

Joaquín: Al menos le golpeé la cara.

Esmeralda: ¡Joaquín!

Joaquín: Se lo merecía.

Tavo: Sí, pero tú ya no podrás regresar.

Joaquín: Ni modo.

Esmeralda: ¿Sabes? Podrías trabajar conmigo.

Joaquín: ¿En verdad?

Esmeralda: ¡Claro!

Joaquín: Gracias, Doña Esmeralda. Lo voy a pensar.

Ximena: Tavo, ¿qué hacemos nosotros?

Tavo: No sé, Ximena. En verdad, no lo sé.

Vocabulario

dejar la oficina to leave the office
ir contra alguien to go against someone
al menos at least
ni modo oh well! (to express resignation)

68. CONSEJOS DE PADRE

Esa noche, Tavo regresa a su casa. Su papá se da cuenta que algo no está bien y habla con él.

Antonio: A ver, Tavo, ¿qué te pasa?

Tavo: Nada papá, en serio.

Antonio: ¿Problemas en tu trabajo?

Tavo: Bueno, sí.

Antonio: ¿Qué pasó?

Tavo: Abram nos despidió, a Joaquín, Ximena y a mí.

Antonio: ¡¿Por qué?!

Tavo: Porque puede.

Antonio: ¡Denle una patada!

Tavo: Joaquín lo golpeó.

Antonio: ¡Qué bueno!

Tavo: Pero ¿qué más hacemos?

Antonio: Es obvio, ¿no?

Tavo: ¿Qué?

Antonio: Hablen con alguien superior. De todas formas, ya los corrieron.

Tavo: Cierto. Oye, ¿qué tal tu tienda?

Antonio: Ay, Tavo, no te preocupes de eso, ¿sí?

Tavo: ¿Qué pasa, papá?

Antonio: Vamos a cerrar. La renta es muy cara y no vendemos nada. No te preocupes, tenemos ahorros.

Tavo: ¡Sí me preocupo! Tengo que hacer algo. Tú y mi mamá me necesitan.

Antonio: Muchas gracias. Eres un buen hijo, Tavo. No lo olvides.

Vocabulario

bueno, sí well, yes
¡denle una patada! kick him!
¿qué más hacemos? what else can we do?
los ahorros savings

69. UNA BUENA IDEA

Tavo regresa a su cuarto. Llama a Ximena y a Joaquín por teléfono para hablar con ellos.

Tavo: ¿Bueno, Ximena?

Ximena: Tavo, ¿qué pasa?

Tavo: Ahorita te digo, voy a hablarle a Joaquín... ¿Bueno, Joaquín?

Joaquín: Tavo, ¿qué onda?

Tavo: Ximena también está en la llamada.

Ximena: Hola, Joaquín.

Joaquín: Hola, Ximena. Tavo, ¿qué pasó?

Tavo: Me di cuenta de algo.

Joaquín: ¿De qué?

Tavo: De que tenemos que hacer algo.

Ximena: ¡No me digas!

Tavo: Es neta. Voy a llamar a Ricardo.

Ximena: ¿El tío de Abram?

Tavo: Él mismo.

Joaquín: ¿Qué le vas a decir?

Tavo: La verdad.

Ximena: Tavo, Joaquín, vengan a mi casa para pensar las cosas.

Joaquín: Va, ahorita nos vemos.

Ximena: Además, tengo el video de Abram.

Tavo: ¿Cuál?

Ximena: Donde raya tu carro.

Tavo: ¡Cierto! Eso puede ser muy útil. Va, nos vemos en tu casa.

Vocabulario

ahorita te digo I'll tell you in a moment
la llamada call
él mismo he himself
¡no me digas! you don't say!
ahorita nos vemos see you in a moment

70. ¡CONTESTÓ!

Tavo y Joaquín van a casa de Ximena. Ahí deciden qué decirle a Ricardo.

Tavo: ¿Tienes el video, Ximena?

Ximena: Sí, aquí lo tengo.

Tavo: Bien. ¿Tú que piensas, Joaquín?

Joaquín: Que primero tiene que contestar.

Tavo: Hmm, cierto.

Ximena: ¿Crees que conteste?

Tavo: No sé, es un hombre ocupado.

Joaquín: Te dijo que le hables cuando quieras, ¿no?

Tavo: Si algo pasaba, sí.

Joaquín: Pues algo pasó.

Ximena: Tavo, si no quieres llamarle…

Tavo: No, no. No es eso. Solo estoy nervioso.

Joaquín: Todos lo estamos.

Ximena: Pero estamos aquí contigo.

Tavo: Gracias. Bien, voy a hablarle… No contesta.

Joaquín: Que mal.

Ximena: Lo intentaste.

Tavo: Ya sé, pero... Esperen, ¡contestó! ¿Bueno?

Ricardo: ¿Bueno, quién habla?

Tavo: Gerente Ricardo, este... Soy Tavo.

Ricardo: Tavo, ¿qué tal? ¿Qué necesitas?

Tavo: Necesito que hablemos.

Vocabulario

¿crees que conteste? do you think he'll answer the phone?
solo estoy nervioso I'm just nervous
todos lo estamos we all are
lo intentaste you tried

71. HABLANDO CON EL GERENTE

Tavo habla por teléfono con Ricardo. Le cuenta lo que sucede en TechnoLine

Ricardo: ¿Qué sucede, Tavo?

Tavo: Es Abram.

Ricardo: ¿Qué tiene mi sobrino?

Tavo: Este… Hay un problema.

Ricardo: Tavo, no tengas miedo. Dime, ¿qué pasa?

Tavo: Es que está fuera de control.

Ricardo: ¿En serio? ¿Por qué dices eso?

Tavo: Está cambiando las reglas, despidiendo gente y molestando a los trabajadores.

Ricardo: Molestando, ¿cómo?

Tavo: No es algo que pueda decirle por teléfono. Solo puedo decir que Abram se comporta mal.

Ricardo: Ya veo. Tavo, ¿tienes tiempo mañana? Para reunirnos y hablar.

Tavo: Sí, claro. ¿Dónde?

Ricardo: Tú decide.

Tavo: Hm, ¿qué tal en la fonda de Doña Esmeralda?

Ricardo: Me parece bien.

Tavo: ¿A qué hora?

Ricardo: ¿A las dos?

Tavo: De acuerdo.

Ricardo: Bien. Entonces hasta mañana.

Tavo: Sí, hasta mañana.

Vocabulario

no tengas miedo don't be afraid
está fuera de control he's out of control
me parece bien it's all right with me
hasta mañana see you tomorrow

72. ¿POR QUÉ NO DIJISTE NADA?

El día siguiente, Tavo, Joaquín y Ximena llegan a la fonda de Doña Esmeralda. Esperan juntos a que Ricardo llegue.

Ximena: ¡Mira! Ahí viene Ricardo.

Ricardo: Tavo, Joaquín, Ximena, buenas tardes.

Ximena: Buenas tardes.

Joaquín: Buenas tardes. Y... Ximena, ¿nos vamos?

Ximena: Claro. Los dejamos hablar.

Ricardo: Gracias. Bueno, Tavo, ¿de qué quieres hablar?

Tavo: Como dije, de Abram.

Ricardo: ¿Se ha comportado mal?

Tavo: Sí, mucho. Hace malas bromas, amenaza a los trabajadores con despedirlos y causa problemas.

Ricardo: Eso no está bien. ¿Tienes evidencia?

Tavo: Sí, este video.

Ricardo: A ver... Hmm, ya veo. ¿De quién es el carro?

Tavo: Es mío.

Ricardo: ¿En verdad? Lo siento, Tavo. Déjame pagarte.

Tavo: No es necesario, no se preocupe.

Ricardo: ¿Por qué lo hizo?

Tavo: Porque no le agrado.

Ricardo: ¿Por qué?

Tavo: Porque mis compañeros se quejan de él y yo los escucho.

Ricardo: Hmm, pero ¿por qué no dijiste nada?

Tavo: ¿La verdad? Tenía miedo. De que Abram o usted me corrieran. Pero ya me corrió, ya no tengo miedo.

Ricardo: Te entiendo. ¿Tu trabajo es importante para ti?

Tavo: Sí, lo es.

Ricardo: Bueno, mira, tú y tus amigos vayan a trabajar mañana. Yo me encargo de todo.

Vocabulario

¿nos vamos? shall we go?
los dejamos hablar we'll let you talk
como dije as I said
las bromas pranks
la evidencia evidence
déjame pagarte let me pay you

73. UN DÍA INCÓMODO

Al día siguiente, Tavo y Ximena regresan a TechnoLine, pero Joaquín fue a la fonda de Doña Esmeralda a trabajar. Los compañeros de Tavo y Ximena les preguntan lo que sucedió.

Compañero: ¿No los habían corrido?

Tavo: Sí, pero sin razón.

Ximena: Y eso es ilegal.

Compañera: ¿Y Joaquín?

Tavo: Él no regresó.

Compañera: Qué mal, estaba guapo.

Ximena: Estamos cansados de Abram.

Compañero: Nosotros también.

Tavo: No se preocupen, ya no va a hacer nada.

Compañero: ¿Por qué?

Tavo: Confíen en mí, van a ver.

Ximena: Tavo, mira, ahí viene Abram.

Tavo: Seguro nos escuchó hablar.

Compañero: Nosotros nos vamos.

Compañera: Buena suerte.

Vocabulario

¿no los habían corrido? Didn't you get fired?
sin razón for no reason
estaba guapo he was handsome
confíen en mí trust me
van a ver you'll see

74. ¡VUELVAN A TRABAJAR!

Abram se enoja mucho al ver a Tavo. Se acerca a Tavo y Ximena para enfrentarlos.

Abram: ¡Hey! ¿Qué hacen ustedes aquí?

Tavo: Venir a trabajar.

Ximena: Lo normal.

Abram: Ustedes ya no trabajan aquí, ¡váyanse!

Tavo: No tenías razones para corrernos.

Ximena: Aún somos trabajadores de TechnoLine.

Tavo: Déjanos en paz, ¡o te demandamos!

Abram: ¿Me demandan? Uy sí, muy valientes los dos.

Ximena: No valientes, cansados.

Tavo: Sí, de que nos trates mal. Ya fue suficiente.

Abram: Está bien, quédense. Y, ¿saben? Tienen suerte que Joaquín no esté aquí.

Tavo: ¿Por qué?

Abram: Porque puedo demandarlo por atacarme.

Tavo: Menos mal que ya no trabaja aquí, ¿no?

Abram: Sí, menos mal. Bueno, ¿qué esperan? ¡Vuelvan a trabajar!

Vocabulario

enfrentar to confront
déjanos en paz leave us alone
demandar to sue
valiente brave
menos mal que ya no trabaja aquí it's a good thing that he no longer works here

75. DOS SEMANAS MÁS TARDE

Dos semanas pasan sin problemas para Tavo y Ximena. Tavo está en su oficina con Ximena, hablan sobre lo que ha pasado.

Tavo: Ya pasaron dos semanas.

Ximena: Sí. Al menos las cosas están mejor.

Tavo: Eso sí, pero no todo está bien.

Ximena: No, las personas siguen enojadas.

Tavo: ¿Con Abram, no?

Ximena: Así es.

Tavo: Lo entiendo. Más personas vienen a mi oficina.

Ximena: ¿Para?

Tavo: Quejarse de Abram.

Ximena: ¿Por qué?

Tavo: Porque sigue portándose mal.

Ximena: Ya veo, ¿y qué les dices?

Tavo: Que tengan paciencia, todo va a estar bien.

Ximena: ¿Y lo va a estar?

Tavo: Eso espero. No he hablado con Ricardo.

Ximena: Que raro.

Tavo: Debe estar ocupado.

Ximena: Sí. Bueno, después del trabajo, ¿vamos con Doña Esmeralda?

Tavo: Claro, a comer.

Ximena: Sí, y a visitar a Joaquín.

Tavo: Cierto. Lo extraño aquí.

Ximena: Yo también.

Vocabulario

dos semanas más tarde two weeks later
ya pasaron dos semanas it's been two weeks
las personas siguen enojadas people are still angry
debe estar ocupado he must be busy
lo extraño I miss him

76. TALENTO PARA LA COCINA

Esa tarde, Tavo y Ximena van a la Fonda de Doña Esmeralda donde trabaja Joaquín. La señora les pregunta cómo están las cosas.

Tavo: Están bien, gracias por preguntar. Desde que hablamos con Ricardo, Abram no nos ha molestado.

Ximena: Solo a nosotros. Con otros trabajadores sigue siendo molesto.

Esmeralda: Bueno, lo importante es que hicieron algo.

Tavo: Ajá.

Esmeralda: Lo peor que podían hacer era dejarlo hacer lo que quisiera. Y tú, Joaquín, le diste lo que se merecía.

Joaquín: Un buen golpe en la cara.

Esmeralda: ¡Así es! Por cierto, muchachos, prueben estos chilaquiles.

Tavo: A ver… ¡Mmm!

Ximena: Doña Esmeralda, están deliciosos. ¿Usted los hizo?

Esmeralda: No, fue mi nuevo cocinero.

Ximena: ¿Quién?

Joaquín: ¡Pues yo!

Tavo: No, ¿en serio?

Esmeralda: ¡Sí! Resulta que su amigo tiene talento para la cocina.

Ximena: ¡Qué bien!

Tavo: ¡Genial!

Joaquín: Gracias, Tavo, lo descubrí gracias a Doña Esmeralda.

Esmeralda: Ni lo menciones. Me encanta tenerte aquí.

Joaquín: Gracias. Por cierto, ¿querían hablar conmigo?

Tavo: Sí, Joaquín.

Joaquín: Esperen un poco y ya vuelvo.

Vocabulario

ajá uh-huh
prueben estos chilaquiles taste these chilaquiles
el cocinero cook
un buen golpe en la cara a good punch in the face
resulta que it turns out that
descubrir to discover

77. LA PACIENCIA ES UNA VIRTUD.

Joaquín va a la mesa de Tavo y Ximena. Ellos le cuentan lo que pasa en TechnoLine.

Tavo: Las cosas empeoran.

Ximena: Sí, Abram sigue portándose mal.

Joaquín: Qué mal. ¿Y Ricardo?

Tavo: No me ha hablado.

Joaquín: Bueno, no importa, tienen que seguir adelante.

Tavo: No es fácil. Otros trabajadores ignoran a Abram. Eso no le gusta.

Joaquín: No me sorprende. Necesita atención.

Ximena: No es el único, Tavo.

Tavo: ¿Cómo?

Ximena: Omar no está contento contigo.

Tavo: ¿Cómo sabes?

Ximena: Porque nadie lo escucha.

Tavo: Siempre está ocupado.

Ximena: No es cierto. No le importan los demás.

Tavo: Igual, ¿cómo sabes que está enojado conmigo?

Ximena: Se enoja cuando te ve.

Joaquín: Tienes que tener cuidado, Tavo.

Tavo: Lo tendré.

Ximena: Lo importante es que Abram se comporte.

Tavo: Y lo hará.

Ximena: ¿Cuándo?

Tavo: No sé, pero la paciencia es una virtud.

Joaquín: Cierto. Además, ¿qué puede salir mal?

Vocabulario

la virtud virtue
tienen que seguir adelante you have to keep going
no le importan los demás he doesn't care about other people
¿qué puede salir mal? what can go wrong?

78. DESPIDO MASIVO

El día siguiente, Tavo y Ximena llegan a su trabajo. Ven a un gran número de personas y una línea de guardias afuera del edificio.

Tavo: ¿Qué pasa? ¿Qué sucede?

Compañero: ¡Fue Abram!

Tavo: ¿Qué hizo?

Compañero: Cerró el edificio, ¡corrió a todos!

Ximena: ¡Eso es imposible!

Compañera: Pues lo hizo, ¿ven a los guardias?

Tavo: Sí.

Compañera: No dejan entrar a nadie.

Ximena: ¡Abram llegó demasiado lejos!

Tavo: No tiene autoridad para hacer esto.

Compañero: Pues lo hizo.

Ximena: Tavo, ¿qué hacemos?

Compañero: Sí, ¿qué hacemos?

Compañera: Ayúdanos, Tavo.

Tavo: A ver, primero vamos a calmarnos. Tenemos que mantener la calma.

Compañero: ¡Pero nos despidió!

Compañera: ¡Sí!

Tavo: Tranquilos, se va a arreglar, solo esperen.

Ximena: Tavo, tengo miedo. Todos están muy enojados.

Tavo: Lo sé. Tenemos que calmarlos.

Ximena: ¿Cómo?

Tavo: Hablando. Ven, sígueme.

Vocabulario

el edificio building
¡Abram llegó demasiado lejos! Abram has gone too far!
se va a arreglar it's going to be alright
sígueme follow me

79. EL PRECIO DE HACER LO CORRECTO

Tavo y Ximena se mueven entre la gente. Muchos compañeros se acercan a Tavo para preguntarle qué pasa.

Tavo: Perdón, con permiso.

Compañero 1: ¡Tavo! ¿Qué está pasando?

Tavo: Eso queremos saber. Con permiso.

Compañero 2: ¡Tavo, ayúdanos!

Tavo: Eso intentamos.

Compañero 2: ¡No entiendes! ¡Necesito el trabajo!

Tavo: Lo sé, lo sé. Todo va a estar bien.

Ximena: Tavo, esto me preocupa mucho.

Tavo: A mí también.

Compañera 1: ¡Tavo! ¿Por qué cerraron el edificio? ¡Abram nos corrió a todos!

Tavo: No puede hacer eso. No te preocupes, vamos a solucionarlo.

Ximena: Por eso todos le tenían miedo.

Tavo: Lo sé. No pensé que llegara tan lejos.

Ximena: Yo tampoco.

Tavo: ¿Sabrá que llamé a su tío?

Ximena: Tal vez.

Tavo: Bueno, no sabíamos que podía pasar.

Ximena: Es el precio de hacer lo correcto.

Tavo: Así es. Ven, casi llegamos al frente.

Vocabulario

hacer lo correcto to do the right thing
se mueven entre la gente they move among the people
con permiso excuse me
vamos a solucionarlo we'll fix it
¿sabrá que llamé a su tío? does he know that I called his uncle?
no pensé que llegara tan lejos I didn't think he would go that far

80. AGUA HIRVIENDO

Tavo y Ximena alcanzan el frente de la multitud. Los guardias los detienen.

Guardia: Para atrás, joven, no pueden pasar.

Tavo: Soy Gustavo Sánchez, de recursos humanos. Trabajo aquí.

Guardia: Disculpe, joven, pero no podemos dejar pasar a nadie.

Ximena: ¿Por qué?

Guardia: Órdenes del jefe.

Compañera: ¡ABRAM NO ES EL JEFE!

Compañero: ¡NO, ÉL NO ES EL DUEÑO!

Guardia: ¡A VER! Cálmense o tendremos que usar la fuerza.

Ximena: Tavo, nuestros compañeros se están enojando, ¿qué hacemos?

Tavo: No lo sé, Ximena, ¡no lo sé!

Compañera: ¡HAGAN ALGO!

Compañero: ¡DÉJENOS ENTRAR!

Ximena: ¡Tavo, haz algo!

Tavo: ¡A VER, TODO EL MUNDO! ¿¡ME ESCUCHAN!?

Compañeros: ¡SÍ, TAVO! ¡TE ESCUCHAMOS!

Tavo: ¡CÁLMENSE TODOS! ¡HABLÉ CON EL GERENTE RICARDO, TODO VA A ESTAR BIEN, TENGAN PACIENCIA!

Compañero: Está bien, Tavo.

Ximena: ¡Bien hecho, Tavo! Pero, ¿ahora qué hacemos?

Tavo: No lo sé. Tenemos que entrar al edificio.

Ximena: Pero los guardias no nos dejan.

Tavo: Ya sé, pero... ¡Mira! ¿De quién es ese carro?

Ximena: ¿Cuál?

Tavo: El que está llegando.

Ximena: No sé... Espera... ¿Es...?

Tavo: ¡Es Ricardo!

Vocabulario

alcanzar to reach
el frente the front
la multitud crowd
recursos humanos human resources
para atrás move back
joven young man

81. TODO VA A ESTAR BIEN.

Ricardo llega en su carro, calma a las personas y se acerca a Tavo y Ximena. Cuando llega con ellos, le pide información a Tavo.

Ricardo: Tavo, ¿qué es esto? ¿Qué está pasando?

Tavo: No lo sé. Solo sé que Abram cerró el edificio.

Ximena: Y despidió a nuestros compañeros de trabajo.

Ricardo: ¿Con qué autoridad?

Tavo: No lo sé. Nadie puede entrar, los guardias no nos dejan.

Ricardo: Yo me encargo de eso. Disculpe, ¿guardia?

Guardia: Dígame.

Ricardo: Soy el gerente de este lugar. Déjenos pasar, por favor.

Guardia: No puedo hacer eso. Son órdenes.

Ricardo: Creo que no fui claro. Déjenos pasar o llamo a la policía.

Guardia: Bueno, bueno. ¡Pero nomás usted!

Ricardo: No, Tavo viene conmigo.

Guardia: ¡Pero el jefe dijo que no!

Ricardo: Guardia, creo que no entiende, ¡yo soy el jefe! Ahora, ¿nos deja pasar?

Guardia: Bueno, pasen.

Ricardo: Gracias. ¿Tavo?

Tavo: Lo sigo.

Ximena: Buena suerte, Tavo.

Ricardo: Vamos a mi oficina.

Vocabulario

dígame tell me (formal)
déjenos pasar let us through (formal)
bueno, bueno okay, okay
creo que no fui claro I think I didn't make myself clear

82. ENFRENTAMIENTO

Tavo y Ricardo llegan a la oficina del gerente. Se sientan a hablar sobre lo que pasa.

Ricardo: Bueno, Tavo, cuéntame, ¿qué pasó aquí?

Tavo: Hace dos semanas, Ximena y yo regresamos a trabajar. Joaquín no regresó.

Ricardo: ¿Por qué? Les dije que volvieran a trabajar.

Tavo: Él, uh… Golpeó a Abram en la cara.

Ricardo: ¿En verdad?

Tavo: Sí.

Ricardo: Seguro se lo merecía. No debí contratarlo.

Tavo: ¡Pero es su sobrino!

Ricardo: Lo sé. Le hice el favor a mi hermano. En un momento te cuento, primero dime, ¿qué pasó aquí?

Tavo: La gente se cansó de Abram, de su actitud.

Ricardo: ¿Y eso no le gustó?

Tavo: Para nada. Especialmente vernos a Ximena y a mí.

Ricardo: Ya veo. Perdón, Tavo, por haber tardado. Tuve que ir a un viaje de negocios.

Tavo: No se preocupe. Lo importante es que está aquí.

Ricardo: Así es. Hiciste lo correcto, calmaste a las personas.

Tavo: Hice lo que pude.

Ricardo: Sí, ahora es mi turno. Llamaré a Abram y a Omar.

Tavo: ¿A Omar?

Ricardo: Él es jefe de recursos humanos. No debió dejar que esto pasara.

Tavo: Cierto.

Ricardo: Bien, les llamaré... ¿Abram? Necesito que tú y Omar vengan a mi oficina, ya.

Tavo: ¿Ahora esperamos?

Ricardo: Sí. Mientras, déjame decirte por qué contraté a Abram.

Vocabulario

el enfrentamiento confrontation
hacer un favor to do a favor
el viaje de negocios business trip
no debió dejar que esto pasara he shouldn't have let this happen

83. UNA ÚLTIMA OPORTUNIDAD

Mientras esperan, Ricardo le cuenta a Tavo por qué contrató a Abram. Tavo lo escucha con atención.

Ricardo: Abram es mi sobrino, hijo de mi hermano.

Tavo: ¿Por eso lo contrató?

Ricardo: Sí, y no. Fue un favor para mi hermano.

Tavo: ¿Por qué? Si puedo preguntar.

Ricardo: Abram se comporta mal, ¿correcto?

Tavo: Correcto.

Ricardo: Pues, siempre ha sido así. No valora el trabajo duro y no respeta a los demás.

Tavo: Que mal.

Ricardo: Sí. Este trabajo era una prueba.

Tavo: ¿Para?

Ricardo: Para ver si Abram podía cambiar.

Tavo: Ya veo.

Ricardo: No cambió. Sigue tratando mal a las personas.

Tavo: Lo siento.

Ricardo: No te preocupes, no es culpa tuya. Pero debiste decirme antes.

Tavo: También lo siento.

Ricardo: Tenías miedo, ¿no?

Tavo: Sí.

Ricardo: Eso hace Abram, asusta a las personas. Esta era su última oportunidad.

Tavo: ¿Para qué?

Ricardo: Para comportarse bien. Bueno, no lo hizo.

Tavo: Ahora, ¿qué va a pasar?

Ricardo: Veremos. Ahí vienen Abram y Omar. ¿Tavo?

Tavo: ¿Sí?

Ricardo: Todo va a estar bien.

Vocabulario

escuchar con atención to listen carefully
¿por eso lo contrató? that's why you hired him? (formal)
la prueba test
valorar to value
no es culpa tuya it's not your fault

84. DISCUSIÓN

Abram y Omar entran en la oficina de Ricardo. Abram se enoja cuando ve a Tavo.

Abram: ¿¡Qué hace él aquí!? ¡Está despedido!

Omar: Tiene que irse.

Ricardo: No, Abram, no está despedido. Y no, Omar, Tavo se queda. Por favor, siéntense.

Abram: Tío, ¡no entiendes! ¡Tavo hizo enojar a los empleados! Empezó rumores, dijo cosas malas de mí y causó problemas.

Omar: Así es. Rompió las reglas.

Ricardo: ¿En verdad?

Abram y Omar: Sí.

Tavo: ¡No es cierto!

Abram: ¡Cállate, empleado!

Ricardo: Abram, recuerda, tú también eres empleado. Tavo, ¿eso es cierto?

Tavo: No. Quien hizo eso fue Abram y Omar lo ayudó.

Omar: ¡Claro que no!

Tavo: Entonces, ¿por qué despidieron a mis compañeros?

Omar: Lo merecían.

Tavo: ¿Por quejarse de Abram?

Abram: Por causar problemas.

Ricardo: ¿Ellos causaron problemas, Abram?

Abram: ¡Sí, Gustavo y sus amigos!

Ricardo: ¿Y las personas afuera?

Abram: ¡Me amenazaron!

Ricardo: Omar, ¿eso es cierto?

Omar: Sí, todos estaban enojados. Tuvimos que cerrar el edificio.

Ricardo: Ya veo. Tavo, ¿nos enseñas el video?

Abram: ¿Qué video?

Ricardo: Ya lo verás.

Vocabulario

tiene que irse he has to leave
el empleado employee
tuvimos que cerrar el edificio we had to close the building
ya lo verás you'll see

85. SABIO JUICIO

Tavo muestra el video donde Abram raya su carro. Abram se asusta e intenta defenderse.

Abram: ¡Ese no soy yo!

Ricardo: ¿En serio, Abram?

Abram: No, no soy yo.

Ricardo: ¿Omar?

Omar: Este... sí... no, no es Abram. Él estaba conmigo ese día.

Ricardo: ¿En dónde?

Omar: En mi oficina.

Ricardo: ¿Qué hacían?

Abram: Contratar transporte para los trabajadores.

Ricardo: Recuerdo eso. ¿Fue tu idea, Abram?

Abram: ¡Sí! ¡Y Gustavo quiso robarla!

Ricardo: ¿En verdad?

Omar: Sí. Gustavo quiso robarla, por eso fue despedido.

Ricardo: Hm, hay algo que no entiendo.

Abram: ¿Qué?

Ricardo: ¿Por qué me mientes?

Abram: ¡No miento, tío!

Ricardo: Abram, para. Tú también, Omar. El video viene de nuestras cámaras de seguridad. Eres tú, Abram, rayando el carro de Tavo, te conozco.

Abram: ¡Tío, no! ¡Es un montaje!

Ricardo: Ya basta. Además, yo hablé con Tavo sobre contratar transporte. Sé que es idea de él, no tuya.

Abram: ¡Claro que no! ¡Él te miente!

Ricardo: Sé que no es así, Abram. Sé lo que pasó con Joaquín.

Abram: ¡Sí, el amigo! Me golpeó, tío, no puedes creerle a un empleado que...

Ricardo: ¡YA FUE SUFICIENTE!

Vocabulario

sabio wise
el juicio judgement
robar to steal

86. ¡VAYA REGAÑO!

Ricardo se enoja mucho con Abram. Lo regaña en frente de Tavo y Omar.

Ricardo: ¡No puedo creerlo, Abram! ¡No puedo creer que te comportes así!

Abram: Pero tío...

Ricardo: ¡Pero nada! Te di oportunidad de decir la verdad y solo mientes.

Abram: ¡No mentí! ¡Es Gustavo el que...!

Ricardo: Abram, Tavo se preocupa por sus compañeros. Omar, ¡Tavo está haciendo tu trabajo!

Omar: No, gerente, él solo causa problemas.

Ricardo: ¡Gustavo calmó a las personas! Omar, ¿tú sabías lo que Abram hacía?

Omar: Yo... este... ¡Él me obligó!

Abram: ¡Traidor!

Ricardo: ¡Silencio! ¿Omar?

Omar: Abram me dijo que, siendo su sobrino, ¡podía correrme!

Ricardo: ¿Y tú le creíste?

Omar: ¡Sí! Es que yo...

Ricardo: ¡Es que nada! Tú conoces las reglas, Omar. Sabes que Abram no puede hacer eso. ¿Qué pasó en verdad?

Abram: ¡Le di un aumento, prometió ayudarme!

Ricardo: Ya veo. Están en esto juntos y serán castigados juntos.

Abram: ¡No! ¡No es justo!

Ricardo: Abram, te di una última oportunidad. Ya estoy cansado. Abram, Omar, váyanse de aquí. ¡Están despedidos!

Abram: ¡No puedes hacer esto! ¡Le voy a decir a mi papá!

Ricardo: No te preocupes, Abram. Yo mismo le digo.

Abram: Este... no, mejor no le digas, ¡por favor!

Ricardo: ¡Nada! Mereces que te regañe.

Abram: ¡Tío, no, por favor!

Ricardo: Ya vete, Abram. No me hagas enojar más.

Vocabulario

¡vaya regaño! what a scolding (he got)!
obligar to force
¿y tú le creíste? and you believed him?
el aumento raise
ya vete leave now

87. ÉTICA EN EL TRABAJO

Abram y Omar se van de la oficina de Ricardo. El gerente habla con Tavo sobre lo sucedido.

Ricardo: Discúlpame, Tavo, por este teatro.

Tavo: No pasa nada. ¿Abram tendrá problemas?

Ricardo: Solo lo que merece. Me da gusto que esto terminara.

Tavo: A mí también. Abram causó muchos problemas.

Ricardo: Lo sé, y me disculpo.

Tavo: No fue culpa suya, usted no hizo nada.

Ricardo: Sí, hice algo. Contraté a Abram, como favor para mi hermano. Eso estuvo mal.

Tavo: Fue un accidente.

Ricardo: Sí, Tavo, pero no estuvo bien. Lo más importante en una compañía, siempre, son los trabajadores. Hay que tratarlos bien y Abram no hizo eso.

Tavo: Pues no, no lo hizo.

Ricardo: Y por eso lo despedí. A él y a Omar.

Tavo: ¿Por qué a Omar?

Ricardo: Porque se vendió por un puñado de pesos. Qué

decepción.

Tavo: La verdad, sí.

Ricardo: Lo que me recuerda que estoy orgulloso de ti.

Tavo: ¿De mí? Yo no hice nada.

Ricardo: Sí, lo hiciste. Ayudaste a tus compañeros, mostraste tu ética. Hiciste lo correcto.

Tavo: Solo hice mi trabajo.

Ricardo: Exacto. Eso es lo más importante, Tavo, que hagas tu trabajo y lo hagas bien.

Tavo: Tiene razón.

Ricardo: Bueno, ¿salimos?

Tavo: ¿Para?

Ricardo: Para dar las buenas noticias.

Vocabulario

discúlpame por este teatro sorry for this scene
un puñado de pesos a handful of dollars
qué decepción what a disappointment
lo que me recuerda which reminds me
estoy orgulloso de ti I'm proud of you

88. MEJOR GERENCIA

Tavo y Ricardo salen del edificio. Ricardo habla con los compañeros de Tavo.

Ricardo: Buenas tardes a todos. Primero, quiero disculparme por la conducta de Abram.

Compañeros: ¡Se portó mal! ¡Nos despidió! ¡Abusó de su poder!

Ricardo: Lo sé, y lo siento. Segundo, les informo que Abram y Omar fueron despedidos.

Compañeros: ¡SÍ! ¡Lo merecían! ¡Nos trataron mal!

Ricardo: Cierto, los trataron mal. Fue mi culpa, otra vez. Tercero, todos están contratados de nuevo. Todos, ¡bienvenidos de vuelta!

Compañeros: ¡Gracias! ¡Qué bueno! ¡Sí!

Ricardo: Cuarto, hay una nueva vacante. Necesitamos un nuevo gerente de recursos humanos. ¿Tavo?

Tavo: ¿Ah? Dígame.

Ricardo: ¿Te gustaría ser el nuevo gerente de recursos humanos?

Tavo: Este... ¿qué? ¿Yo?

Ricardo: Te lo mereces. Ayudaste a tus compañeros,

detuviste a Abram e hiciste lo correcto.

Tavo: Pero... Pero no me lo merezco. Debe haber alguien mejor, más capaz, más listo.

Ricardo: ¿Eso crees? Preguntémosle a tus compañeros. ¡TODOS! ¿Qué opinan? ¿Que Tavo sea el nuevo gerente de recursos humanos?

Compañeros: ¡Sí! ¡Es el mejor! ¡Que sea él! ¡Tavo, Tavo, Tavo!

Ricardo: ¡Jaja! ¿Ves? ¡Te adoran!

Tavo: Pero... pero...

Ricardo: Tavo, si no quieres el puesto, no hay problema.

Tavo: No, no es eso. Solo no sé qué decir.

Ricardo: Bueno, puedes empezar por decir que sí.

Tavo: ¡Sí! ¡Acepto el puesto!

Ricardo: ¡Excelente! Regresemos a mi oficina. Tenemos mucho de qué hablar.

Vocabulario

¡abusó de su poder! he abused his power!
de nuevo again
capaz capable
listo smart
puesto job position

89. ESCALANDO

Tavo y Ricardo regresan a la oficina. Ricardo le pide a Tavo que se siente y le ofrece un café.

Tavo: Muchas gracias, señor Ricardo.

Ricardo: No seas formal. Hoy lograste mucho, Tavo.

Tavo: Como dije, solo hice mi trabajo.

Ricardo: Así es. Por eso eres la persona correcta para el puesto.

Tavo: Lo agradezco mucho. ¿Qué tengo que hacer?

Ricardo: Lo que has estado haciendo. Tu trabajo. Como gerente de recursos humanos, vas a tener nuevas responsabilidades.

Tavo: Lo entiendo, es un puesto importante.

Ricardo: Muy importante. Tendrás que atender a tus compañeros.

Tavo: ¡Por supuesto! Mis compañeros son primero.

Ricardo: ¡Bien dicho!

Tavo: ¿Mi salario va a mejorar?

Ricardo: ¡Pero claro! Vas a ganar el triple de lo que ganabas.

Tavo: ¡El triple!

Ricardo: Así es. Después de todo, vas a ser gerente. También vas a tener más tiempo libre.

Tavo: ¡Qué bien!

Ricardo: Vas a necesitar una secretaria.

Tavo: ¿Yo puedo escogerla?

Ricardo: Claro. ¿Tienes a alguien en mente?

Tavo: Sí, a Ximena.

Ricardo: Lo imaginé. ¡Son inseparables!

Tavo: ¡No, no es eso! Ella es muy responsable y también le importan las personas.

Ricardo: Lo imagino. Si acepta, puede ser tu secretaria.

Tavo: ¡Genial! ¡Muchas gracias por todo!

Ricardo: No, Tavo. Gracias a ti por ser tan responsable.

Vocabulario

escalando climbing
lograr to accomplish
atender to serve
bien dicho! well said!
escoger to choose

90. LAS COSAS MEJORARON

Los trabajadores regresan a TechnoLine. Tavo busca a Ximena para contarle lo que pasó.

Tavo: ¡Ximena! ¡Ximena! ¿Dónde estás?

Ximena: ¡Aquí, Tavo!

Tavo: ¡Ximena! ¿Escuchaste?

Ximena: ¡Sí! ¡Eres el nuevo gerente de recursos humanos! ¡Felicidades!

Tavo: ¡Gracias! ¿Ves? ¡Te dije que todo iba a estar bien!

Ximena: Tenías razón, ¡señor gerente!

Tavo: ¡Basta!

Ximena: ¡Es la verdad! Lo lograste, Tavo.

Tavo: Gracias a tu ayuda.

Ximena: Yo no hice nada.

Tavo: ¡Claro que sí! Me ayudaste mucho.

Ximena: ¿Cómo?

Tavo: Creyendo en mí.

Ximena: ¡Pero claro que creo en ti! Eres mi mejor amigo.

Tavo: Y tú mi mejor amiga. ¡Oye! Tengo que decirles a mis papás. ¿Vienes conmigo?

Ximena: ¿Por qué?

Tavo: Porque quiero que veas sus expresiones. ¡Imagina su sorpresa!

Ximena: Pero Tavo...

Tavo: ¿Qué?

Ximena: Nunca me has invitado a tu casa.

Tavo: Ah, ¿no? Bueno, ¡esta será la primera vez!

Ximena: ¿Estás seguro?

Tavo: ¡Pero claro! Ándale, ¡vamos!

Ximena: Bueno, si tú insistes.

Vocabulario

creyendo en mí believing in me

ándale (in this context) come on!

91. PLANES A FUTURO

Ximena acompaña a Tavo a su casa. Cuando entran, los papás de Tavo están en la sala.

Tavo: ¿Papá, mamá? Les presento a Ximena.

Ximena: Mucho gusto.

Olivia: ¡Ximenita, mija! ¡Qué bueno conocerte! Tavo habla mucho de ti.

Ximena: ¿Ah, sí?

Antonio: Mucho gusto. Y sí, Ximena esto, Ximena aquello. ¡Está enamorado!

Tavo: ¡Papá! ¡Claro que no! Bueno, vine a contarles algo.

Olivia: ¿Qué pasó, mijo?

Tavo: ¡Me corrieron de TechnoLine!

Olivia: ¡No, mijo!

Antonio: Lo siento mucho, Tavo.

Tavo: ¡No pasa nada! Porque, ¿adivinen?

Antonio y Olivia: ¿Qué?

Tavo: ¡Ahora soy gerente de recursos humanos!

Antonio: ¡No manches, mijo!

Olivia: ¡Ay, mi cielo! Muchas felicidades.

Tavo: Eso no es todo. Necesito una secretaria. Ximena, ¿me harías el honor?

Ximena: Espera, ¿qué?

Tavo: ¿Quieres ser mi secretaria?

Ximena: ¡Para eso me invitaste! ¿Verdad?

Tavo: Ximena, ¿crees que yo haría eso?

Olivia: ¡Ay, Antonio! Mira a Tavo, tan galán como tú.

Antonio: Así es, todo un galán.

Tavo: ¡No digan eso! Este... Ximena, ¿me acompañas con Doña Esmeralda?

Ximena: Pero claro, ¡galán!

Vocabulario

planes a futuro future plans
Ximena esto, Ximena aquello Ximena this, Ximena that
está enamorado he is in love
¿adivinen? guess what?
es todo un galán he's quite a ladies' man, gallant

92. BIEN RECUPERADO

Tavo y Ximena van a la fonda de Doña Esmeralda. En el camino, Tavo compra una caja de chocolates.

Ximena: ¡Doña Esmeralda!

Esmeralda: ¡Ximena, Tavo! ¿Todo bien? Vi guardias en el edificio.

Joaquín: También los vi, ¿pasó algo?

Ximena: No lo van a creer, ¡corrieron a Abram y a Omar!

Joaquín: ¡Al fin! Pero, si corrieron a Omar, ¿quién va a ser gerente de recursos humanos ahora?

Tavo: Adivina.

Joaquín: ¡No! ¿En serio?

Tavo: ¡Ajá!

Joaquín: ¡Felicidades, Tavo! Lo mereces.

Esmeralda: ¡Muchas felicidades, Tavo! Por cierto, te presento a mi hijo, Alex.

Alex: Encantado. Muchas felicidades.

Tavo: Mucho gusto y muchas gracias. Doña Esmeralda me habló de ti, ¿estás mejor?

Alex: Sí, gracias por preguntar. Estoy recuperado.

Tavo: Que bien. ¡Ah! Doña Esmeralda, tenga, esto es para usted. Una caja de chocolates.

Esmeralda: ¿Para mí? ¿Por qué?

Tavo: Por haberme ayudado, y a mi papá también.

Esmeralda: Muchísimas gracias, Tavo. Lo hice con gusto.

Tavo: Aun así, se lo agradezco. ¿Joaquín?

Joaquín: Dime.

Tavo: ¿Quieres volver a TechnoLine?

Joaquín: Nah, gracias. Me gusta mucho trabajar para Doña Esmeralda.

Tavo: Lo entiendo, Joaquín. Bueno, muchas gracias a todos.

Vocabulario

recuperado recovered
en el camino on the way
no lo van a creer you won't believe it
por cierto by the way
con gusto gladly

93. MEJORES CALIFICACIONES

El día siguiente, Tavo empieza a trabajar como gerente. Ximena, siendo su secretaria, está en su oficina.

Ximena: Su oficina es muy bonita, señor gerente.

Tavo: Nuestra oficina, Ximena.

Ximena: Así es. ¿Cómo te sientes?

Tavo: Importante.

Ximena: Que bueno, Tavo. Oye, quiero contarte algo.

Tavo: Cuéntame.

Ximena: ¿Recuerdas que a Raúl le fue mal en la escuela?

Tavo: ¡Sí, me acuerdo! ¿Cómo está Raúl?

Ximena: ¡Súper bien! Eso quiero contarte, ¡fue el mejor de la clase!

Tavo: ¡Genial! Muchas felicidades.

Ximena: Se esforzó mucho.

Tavo: Puedo imaginarlo. Se merece un premio.

Ximena: Así es. Le voy a comprar algo.

Tavo: ¡Qué bien!

Ximena: Oye, después del trabajo, ¿quieres ir con Doña Esmeralda?

Tavo: ¡Pero claro!

Vocabulario

las calificaciones marks, grades
le fue mal en la escuela he did badly at school
esforzarse to strive
el premio prize

94. DEJANDO IR

Cuando salen de su trabajo, Tavo y Ximena van a la fonda de Doña Esmeralda. Encuentran a Joaquín sentado en una mesa.

Tavo: ¡Joaquín! ¿Qué haces fuera de la cocina?

Joaquín: Arreglando mis cosas.

Ximena: ¿Por qué?

Joaquín: Porque renuncié.

Tavo: ¿Por qué? Creí que te gustaba trabajar con Doña Esmeralda.

Joaquín: Sí, me gustó mucho. Pero quiero algo más.

Ximena: ¿Qué vas a hacer?

Joaquín: Voy a volver a mi pueblo y abrir mi propia fonda.

Tavo: ¡Qué bien! Pero te vamos a extrañar.

Ximena: Sí, y mucho.

Joaquín: Y yo a ustedes. Son bienvenidos cuando quieran.

Tavo: Gracias, Joaquín. También eres bienvenido en TechnoLine.

Joaquín: Doña Esmeralda dijo lo mismo.

Ximena: ¿Qué te dijo?

Joaquín: Que soy bienvenido.

Tavo: ¡Wow! Tienes muchos amigos.

Joaquín: Y lo agradezco mucho.

Ximena: ¡Hey! ¿Qué tal si cenamos juntos por última vez?

Joaquín: ¡Claro!

Tavo: Sí, me gustaría.

Ximena: ¡Genial! ¿Doña Esmeralda? ¡Unos chilaquiles para todos, yo invito!

Vocabulario

dejando ir letting go
arreglando mis cosas setting up my things
mi propio/a my own

95. LA ÚLTIMA CENA

Doña Esmeralda sirve la comida. Se queda con los amigos para despedirse de Joaquín.

Esmeralda: ¡Ay, Joaquín! Te voy a extrañar mucho.

Joaquín: Y yo a usted, Doña Esmeralda.

Esmeralda: ¡Los clientes van a extrañar tu cocina!

Joaquín: ¡Para nada! Usted es la mejor cocinera.

Esmeralda: ¡Gracias! Luego me invitas a tu fonda.

Ximena: A nosotros también, Joaquín.

Tavo: ¡Sí! ¿Cómo se va a llamar?

Joaquín: Hmm, qué tal... ¡La Fonda de Don Joaquín!

Esmeralda: ¡Copión!

Joaquín: Bromeo, Doña Esmeralda. No sé cómo se va a llamar.

Esmeralda: Bueno, tienes tiempo de pensar.

Joaquín: Así es. ¡Y todos están invitados!

Tavo: ¡Qué bien! Pero bueno, ¿quién tiene hambre?

Ximena: Todos, Tavo.

Tavo: Entonces, ¿qué esperamos? ¡Vamos a comer!

Vocabulario

¡copión! you're a copycat!
qué tal… how about…

96. EL TIEMPO VUELA

Dos meses pasaron desde que Tavo empezó su nuevo trabajo. Ximena entra en su oficina para hablar con él.

Ximena: Tavo, ¿puedo pasar?

Tavo: ¡Claro! Adelante.

Ximena: Gracias. Solo vengo a decirte algo.

Tavo: Dime, Ximena.

Ximena: Llamó Ricardo. Me pidió que te dijera que está muy contento contigo.

Tavo: ¿Ah, sí? ¿Por qué?

Ximena: Porque nuestros compañeros están felices. Les pones atención y eso les gusta.

Tavo: Gracias, pero solo hago...

Ximena: Lo sé, Tavo. Solo haces tu trabajo.

Tavo: Me conoces bien.

Ximena: ¡Obvio! Soy tu secretaria.

Tavo: Ajá. ¡Oye, Ximena! Ya que estás aquí, quiero preguntarte algo.

Ximena: Dime.

Tavo: Mis papás van a abrir su nueva tienda. ¿Quieres ir conmigo a la inauguración?

Ximena: ¡Me encantaría!

Vocabulario

el tiempo vuela time flies
¿puedo pasar? can I come in?
ya que estás aquí now that you are here

97. ¡GRAN INAUGURACIÓN!

Ximena acompaña a Tavo a la inauguración. Los dos se sientan con los papás de Tavo.

Ximena: Doña Olivia, Don Antonio, ¡muchas felicidades!

Olivia: Gracias, Ximena. Tuvimos éxito gracias a Tavo.

Ximena: ¿En serio?

Antonio: Sí, él nos ayudó.

Ximena: ¡Qué bien! Y que bueno, su tienda es importante para ustedes.

Olivia: Muy importante, mija. Y le agradecemos mucho a Tavo por habernos ayudado.

Tavo: Lo hice con gusto, mamá. Les dije que todo iba a estar bien.

Antonio: Así me gusta. Eres un hombre de palabra, Tavo. Estoy orgulloso de ti.

Tavo: Gracias, papá.

Ximena: Bueno, señores, les deseo lo mejor.

Olivia: Muchas gracias, mija.

Antonio: Bueno, esto es una fiesta. ¡Vamos a divertirnos!

Ximena: ¡Sí! ¿Tavo?

Tavo: ¿Dime?

Ximena: ¿Bailas conmigo?

Tavo: ¿Qué? ¿Yo? Este...

Olivia: ¡Ándale, mijo! ¡Baila con Ximena!

Antonio: ¿O tienes miedo?

Tavo: ¡No, claro que no! Ximena, ¿bailamos?

Ximena: ¡Jaja, claro! ¡Eres todo un caballero!

Vocabulario

el éxito success
eres un hombre de palabra you're a man of your word
¡eres todo un caballero! you are such a gentleman!

98. PENSANDO EN EL FUTURO

Después de divertirse, Tavo y Ximena se sientan a descansar. Tavo le cuenta a Ximena de sus planes.

Tavo: ¿Sabes, Ximena? He estado pensando mucho.

Ximena: ¿En qué?

Tavo: En el futuro para TechnoLine. Para mejorar las cosas.

Ximena: ¿En serio?

Tavo: ¡Sí! Podemos dar más descansos, más días libres, incluso mejorar las reglas.

Ximena: Qué bien. Oye, ¿y qué tal quitar la regla sobre estar juntos en el trabajo?

Tavo: ¿Cómo?

Ximena: Sí, para que las personas puedan estar juntas.

Tavo: ¿Como novios?

Ximena: Como novios, sí.

Tavo: Pero Ximena, ¿para qué?

Ximena: ¿No crees que sea necesario?

Tavo: No, eso no se necesita.

Ximena: ¡Ay, Tavo, no manches!

Tavo: ¿Qué? ¿Qué dije?

Ximena: ¿Sabes? A veces puedes ser muy tonto. Ya me voy, gracias por invitarme.

Tavo: ¡Ximena, no te vayas! ¡Espera!

Ximena: Déjame en paz, Tavo. Quiero estar sola.

Vocabulario

quitar la regla sobre estar juntos en el trabajo remove the rule about dating in the workplace
eso no se necesita that's not needed
tonto silly

99. INDECISIÓN

Ximena se va y la fiesta termina. La mamá de Tavo lo ve triste y le pregunta qué sucede.

Tavo: Nada.

Olivia: ¿Cómo que nada, Tavo? ¡Estás triste! Es por Ximena, ¿verdad?

Tavo: ¿Por qué lo dices?

Olivia: ¡Porque la vimos irse! ¿Qué le dijiste?

Tavo: ¡Nada!

Olivia: Tavo, ¿qué le dijiste a la pobre muchacha?

Tavo: Que en TechnoLine, las personas no necesitan estar juntas.

Olivia: ¿Como novios?

Tavo: Ajá.

Olivia: ¡Ay, Gustavo!

Tavo: ¿Qué? ¿Ahora qué hice?

Olivia: ¿No ves lo que pasa? ¡A Ximena le gustas!

Tavo: ¡Claro que no!

Olivia: ¡Claro que sí! Y a ti también te gusta, no me digas que no.

Tavo: Pero...

Olivia: ¡Pero nada! Tavo, cuando hablas de ella, sonríes mucho. Cuando estás con ella, te ves feliz. Acéptalo, te gusta mucho, y lo sabes.

Tavo: Pues sí, pero... No podemos estar juntos.

Olivia: ¿Por qué no?

Tavo: Porque somos compañeros de trabajo.

Olivia: ¿Y si las reglas cambian?

Tavo: Pero tendría que... oh. ¡OH! ¡Ya entendí!

Olivia: ¡Ay, Gustavo! Mira, Ximena es buena muchacha y creo que sería buena para ti. Pero solo tú puedes decidir qué hacer.

Tavo: Cierto. Y creo que ya tomé mi decisión.

Vocabulario

es por Ximena, ¿verdad? it's because of her, right?
la pobre muchacha poor girl
¿ahora qué hice? what did I do now?
¿no ves lo que pasa? don't you see what's going on?

100. FUERA LO VIEJO

El día siguiente cambian las reglas en TechnoLine. Tavo va a contarle a Ximena.

Tavo: ¡Ximena! ¿Escuchaste la noticia?

Ximena: No, ¿qué noticia?

Tavo: ¡Cambiaron las reglas!

Ximena: ¿En serio?

Tavo: Sí, ya no están prohibidas las parejas.

Ximena: Ah, órale.

Tavo: ¿Y? ¿Qué opinas?

Ximena: Opino que está bien.

Tavo: ¿Y ya? ¿No tienes nada más que decir?

Ximena: ¿Qué quieres que diga? Qué bueno, ¿no?

Tavo: Sí, este... Es muy bueno.

Ximena: Ajá.

Tavo: Oye, Ximena, ¿estás enojada?

Ximena: No. ¿Por qué?

Tavo: No, por nada. ¡Oye!

Ximena: ¿Qué pasó, Tavo?

Tavo: Después del trabajo, ¿te gustaría ir al parque? Tú, Raúl y yo.

Ximena: ¿Por qué? ¿Qué celebramos?

Tavo: Nada, creo que necesitamos un descanso, ¿no crees?

Ximena: No veo por qué no.

Tavo: ¡Bien! Nos vemos pronto.

Ximena: Está bien, Tavo.

Vocabulario

fuera lo viejo out with the old
¿qué quieres que diga? what do you want me to say?
¿no crees? don't you think so?

101. UN DÍA A LA VEZ

Después del trabajo, Raúl, Ximena y Tavo van al parque. Mientras Raúl juega, Tavo habla con Ximena.

Tavo: Esto me gusta.

Ximena: Ajá.

Tavo: Sí… Este, Ximena, pensé en lo que dijiste. Le hablé a Ricardo para cambiar las reglas.

Ximena: Lo noté.

Tavo: Ahora las personas pueden estar juntas en TechnoLine.

Ximena: ¿Tavo?

Tavo: Dime.

Ximena: ¿Por qué lo hiciste? ¿Por qué cambiaste de opinión?

Tavo: Porque… Ah, mira Ximena, hablé con mi mamá y me di cuenta de algo.

Ximena: ¿De qué?

Tavo: De que sonrío mucho cuando hablo de ti y me gusta pasar tiempo contigo y con Raúl.

Ximena: ¿Y eso qué?

Tavo: Bueno, este… yo… lo que quiero decir es… ah, Ximena,

¿te gustaría ser mi novia?

Ximena: ¿En serio? ¡Jajajaja!

Tavo: Perdón. Lo siento, Ximena, no quería molestarte. Sé que es ridículo, pero...

Ximena: ¡No, no es eso!

Tavo: ¿Entonces?

Ximena: ¡Pensé que nunca lo preguntarías! Sí, Tavo, ¡me encantaría!

Tavo: ¡OH SÍ!

Ximena: Tavo, no sé que vaya a pasar mañana. Pero, ¿sabes? Podemos hacer las cosas un día a la vez.

Tavo: Eso me gustaría. Estar contigo y con Raúl todos los días, un día a la vez.

Vocabulario

un día a la vez one day at a time
cambiar de opinión to change one's mind
¿y eso qué? so what?

FIN

THANKS FOR READING!

I hope you enjoyed these stories and that your knowledge of Mexican Spanish has improved as a result! A lot of hard work went into creating this book, and if you would like to support me, the best way to do so would be with an honest review of the book on the Amazon store. This helps other people find the book and lets them know what to expect.

To do this:

Visit: *http://www.amazon.com*

Click "Your Account" in the menu bar

Click "Your Orders" from the drop-down menu

Select this book from the list and leave an honest review!

Thank you for your support,

Olly Richards

MORE FROM OLLY

If you have enjoyed this book, you will love all the other free language learning content I publish each week on my blog and podcast: *I Will Teach You A Language*.

Blog: Study hacks and mind tools for independent language learners.

http://iwillteachyoualanguage.com

Podcast: I answer your language learning questions twice a week on the podcast.

http://iwillteachyoualanguage.com/itunes

YouTube: Videos, case studies, and language learning experiments.

https://www.youtube.com/ollyrichards

COURSES FROM OLLY RICHARDS

If you've enjoyed this book, you may be interested in Olly Richards' complete range of language courses, which employ his "Story Learning" method to help you reach fluency in your target language.

Critically acclaimed and popular among students, Olly's courses are available in multiple languages and for learners at different levels, from complete beginner to intermediate and advanced.

To find out more about these courses, follow the link below and select "Courses" from the menu bar:

https://www.iwillteachyoualanguage.com

"Olly's language-learning insights are right in line with the best of what we know from neuroscience and cognitive psychology about how to learn effectively. I love his work!"

Dr. Barbara Oakley,
Bestselling Author of "A Mind for Numbers"

Printed in Great Britain
by Amazon